陪·伴·成·长

亲子思维导图开创者

思维导图学习法

带孩子养成超强思考力

（英式思维导图）

上

霍英杰 著　胡锦平 绘

附赠
20节思维导图
视频课

人民邮电出版社
北京

图书在版编目（CIP）数据

思维导图学习法：带孩子养成超强思考力：英式思
维导图：上、下 / 霍英杰著；胡锦平绘. -- 北京：
人民邮电出版社，2021.2
ISBN 978-7-115-55457-4

Ⅰ. ①思… Ⅱ. ①霍… ②胡… Ⅲ. ①小学生－学习
方法－家庭教育 Ⅳ. ①G622.46②G782

中国版本图书馆CIP数据核字(2020)第239234号

内 容 提 要

　　本书从东尼·博赞的思维导图进化而来，帮助读者掌握思维导图的方法与技巧，提高逻辑思维能力，让孩子在与家长的互动中，提高记忆力、理解力、逻辑力、思维力、沟通力、表达力、联想力、概括力、写作力、学习力等多种成长必备能力。本书作者、"亲子思维导图开创者"霍英杰老师运用多年思维导图的授课经验，结合我国小学生的学习、生活实际需求，探索出一套更加实用、更易操作、更适合中国家庭的亲子互动学习方法，帮助孩子和家长都能掌握受益一生的思维工具。

◆ 著　　　　　霍英杰
　　绘　　　　　胡锦平
　　责任编辑　　朱伊哲
　　责任印制　　陈　犇
◆ 人民邮电出版社出版发行　　北京市丰台区成寿寺路 11 号
　　邮编　100164　　电子邮件　315@ptpress.com.cn
　　网址　https://www.ptpress.com.cn
　　北京瑞禾彩色印刷有限公司印刷
◆ 开本：787×1092　1/16
　　印张：13.75　　　　　　　　2021 年 2 月第 1 版
　　字数：220 千字　　　　　　2021 年 2 月北京第 1 次印刷

定价：108.00 元（全 2 册）

读者服务热线：(010)81055296　印装质量热线：(010)81055316
反盗版热线：(010)81055315
广告经营许可证：京东市监广登字 20170147 号

写在前面的话

好的思维习惯可以改变孩子的一生。

经过为期两年的精心打造，《思维导图学习法：带孩子养成超强思考力（英式思维导图）》终于面世了。本书在东尼·博赞思维导图的基础上，结合我国小学生的学习、生活实际，探索出了一套更加实用、更易操作、更适合中国家庭的亲子互动学习方法，可以帮助小读者们快速掌握思维导图的方法及技巧，提高逻辑思维能力。

值得注意的是，本书强调"亲子"。在孩子学习成长的道路上，老师的教导固然重要，家长的陪伴更是无人可以取代。所以，本书邀请家长和孩子一起阅读、学习，一起结伴成长。

图书的出版离不开大家的帮助和努力。在此，我要特别感谢我在思维导图学习深造过程中的两位恩师：思维导图创始人——东尼·博赞先生和将思维导图引入华人世界的先行者——孙易新教授。书中的很多观点和方法都源于早年间向二位学习的心得。

我还要感谢"杰伴成长"亲子思维导图认证讲师菲菲老师和月亮老师，她们分别为本书语文及英语章节的撰写提供了帮助。二位老师将多年一线教学经验与思维导图紧密结合，为本书的读者提供了非常实用的思维导图学习方法。

最后，特别感谢张颖老师和人民邮电出版社专业团队的精心策划，感谢"杰伴成长"团队的伙伴们，还有我的家人的支持！

希望每个孩子，都能得益于思维导图这把 "思维金钥匙"；希望每位家长，都能成为孩子成长路上最重要的"思维引路人"！

亲子思维导图，让孩子更会思考，让家长更懂孩子！

霍英杰
2020 年 12 月于北京

英杰老师致小同学的一封信

亲爱的小同学，你好！

我是英杰老师，在你正式阅读本书之前，我特别想对你说：你非常非常幸运！

因为，你有意识地让自己开始学习思维导图——可以让你受益一生的工具。

同时，我也要提醒你：思维导图使用起来是会让你"上瘾"的！

因为，它真的太好玩、太有用了。

我先来问你几个小问题吧。

1. 你希望做事效率更高，节省出更多时间做自己喜欢的事情吗？

2. 你希望学习没有任何负担，学任何知识都像玩一样快乐吗？

3. 你希望理解力和记忆力都变得更好，轻松应对各类考试吗？

如果你有这些小期待，那么请你一定要认真阅读这本书，它会帮你一一实现的。

在这本书里，我将带着你从"零基础"开始，学会画你人生中的第一幅思维导图，并帮助你把思维导图工具运用到日常学习和生活当中，让它成为你的思考小助手。

为了保证获得更好的学习效果，这里给你一些建议。

第一遍阅读时，请按照目录顺序，一章一章地认真阅读，跟着老师的提问去思考，并认真完成相应的练习。这样你就可以基本掌握思维导图了。

接下来，这本书会成为你的参考手册，未来你在使用思维导图的过程中遇到自己难以解决的问题时，就可以直接翻到相应的章节查找具体的方法了。

准备好，你将进入一个非常有趣、非常有用的神奇世界！

目录（上）

第一章

走进亲子思维导图的
神奇世界

重要度：★★

了解正确的思维导图法，以及为什么要亲子共学、共用思维导图。

想象一下，如果未来你用来完成作业的时间能缩短一半，复习的效率却能提高一倍，一天同样是24小时，你却可以拥有比别人更多的自由时间去玩耍或者做自己喜欢的事情。你希望这样吗？

想象一下，如果每当在生活和学习中遇到各种棘手的问题时，你都可以快速理清思路，找到解决办法，而且能十分快乐地完成这一切。你希望这样吗？

想象一下，如果未来你的爸爸妈妈不是在你耳边一直唠唠叨叨，而是可以完全理解你的想法，并且像一个充满智慧的朋友一样陪伴你、启发你。你希望这样吗？

如果你想实现上面几个小目标，那就跟爸爸妈妈一起来学习"亲子思维导图"吧！它是一把可以让你受益一生的"思维金钥匙"，而爸爸妈妈则是可以帮助你一起找到这把"思维金钥匙"的引路人！

快和爸爸妈妈一起，走进"亲子思维导图"的神奇世界吧！

1 什么是思维导图

相信你一定或多或少听说过思维导图，我们先来澄清一下，由于翻译的原因，现在国内被叫成"思维导图"的工具其实有两种，一种是英国人发明的 Mindmaps，另一种是美国人发明的 Thinkingmaps。

在这本书里，我们主要学习的是 Mindmaps。关于它与 Thinkingmaps 的区别和联系会在本系列的另一本书——《思维导图学习法：带孩子养成超强思考力（美式思维导图）》中进行详细介绍，这里就不再重复了。

我想提醒你的是，我们不用去纠结到底哪种工具叫作"思维导图"，而应该把重点放在如何正确地使用思维导图，让它能够更好地帮助我们解决在学习和生活中遇到的问题，更好地提高我们的思考能力。

接下来就让我们来学习由英国人东尼·博赞先生在 1974 年发明的简单易学的思维工具——Mindmaps（以下称思维导图）吧！

一、思维导图是什么

思维导图将大脑的思考过程通过"图文并茂"和"放射状结构化"的方式，可视化地呈现在我们眼前，让我们可以清晰地看到我们是如何思考的，这可以帮助我们更好地进行思维的"整理"和"激发"，是一种非线性的思考工具。

你也可以先简单地理解：

- ✓ 思维导图是一种可以快速整理和激发想法的思考工具　○
- ✓ 思维导图是一种图文并茂、简单有趣的记笔记的方法　○
- ✓ 思维导图是一种系统、高效、科学的学习和复习方法　○
- ✓ 思维导图是一种生活中帮助思考和解决问题的好帮手　○

长期正确使用思维导图可以帮助孩子们：

1. 学习轻松，增强学习兴趣
2. 节省时间，提高学习效率
3. 高效复习，提高学习成绩
4. 找对方法，提高记忆能力
5. 理清思路，独立解决问题
6. 激发灵感，变得更有创意

思维导图就是一把神奇的"思维金钥匙"，拥有这把钥匙，可以轻松愉快地打开生活、学习中的各种"锁"。

二、思维导图的前世今生

英国人东尼·博赞小的时候，非常喜欢学习和记笔记。然而当他进入大学后，随着学习科目的增多，他的成绩逐渐变得一团糟。他发现了一个奇怪的现象，那就是他为了学好每个学科，拼命记笔记，但笔记记得越多，他的成绩和记忆力反而越差。可是如果不记笔记，大量的学习内容又不可能一下子全都记住。

他因此十分苦恼，但并没有放弃努力。

他开始努力寻找更多可以帮助学习和记忆的好方法，比如，他分析了大量天才的手稿、笔记，发现这些天才们记笔记都是图文结合的，而不仅仅是大篇幅的文字。他也尝试学习了一些记忆法，发现想要更好地记忆必须充分调动想象力和联想能力。

大学二年级的一天，他兴冲冲地跑去学校图书馆，问管理员老师在哪儿可以找到一本关于如何高效使用大脑的书。图书管理员建议他去医学图书专区找找。他解释说："我不是要解剖大脑，我只是想知道如何能更高效地使用大脑！"但让他很失望的是，图书管理员告诉他并没有这样的书。

那天，他从图书馆走出来时非常遗憾和沮丧，但他转念一想，这个需求这么迫切，我的同学们和我一样都特别想找到更好的学习和记忆方法，如果没有这样的书籍，我是不是可以来研究一下呢？

于是，他选修了几乎所有可能与此相关的学科，比如心理学、大脑神经学、语言学、创造性思维和脑科学等。通过学习和研究，他渐渐发现：如果想让大脑运行效率更高、记忆力更好，需要让大脑的各个功能协同工作，而不是彼此独立。

他慢慢地尝试在记笔记的时候，不仅仅使用文字，还加入色彩和图像；不是一条一条地记录信息，而是采用有明确分类和分层的结构去记录；不是把大量的文字都记下来，而是只选择或者提炼关键词。按照这种方式坚持了一段时间，他发现这样真的可以大幅提升理解力和记忆力。

于是，通过慢慢摸索，他发明了思维导图这个工具，并开始用它帮助自己和身边的人，取得了非常好的效果。由于英国广播公司（BBC）的一次推广，思维导图被更多的人熟知并逐渐风靡全球。因此，东尼·博赞先生作为思维导图的发明者为世界做出了巨大贡献。

后来，随着更加广泛的应用和推广，思维导图方法得到了进一步的论证和完善。现在我们所学习和使用的思维导图，已经浓缩了非常多的专家、学者的研究精华，是一个集大成的思考工具了！

思考与练习

1. 试着用你自己的话说一说什么是思维导图。

2. 收集3幅目前你认为画得不错的思维导图，思考一下你为何觉得画得不错，并写下1～3个理由。

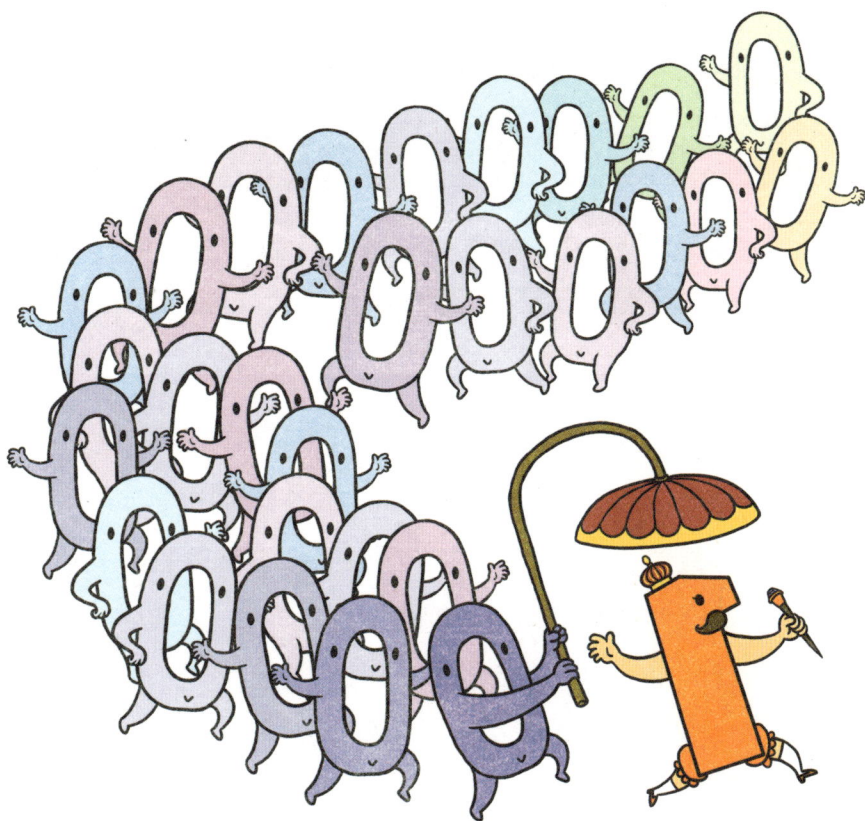

2 思维导图为何如此神奇

一、神奇的大脑

其实，思维导图一点儿也不神奇，真正神奇的是我们的大脑。

我们每个人的大脑中都有很多很多神经细胞（也叫神经元）。经科学家证明，这些神经细胞中的每一个细胞，可能与其他细胞产生的连接数为"1"后面加上 28 个"0"！如果单个神经细胞就具有这种潜力，这意味着，人脑中细胞可能的连接总数，如果写下来，将是"1"后面加上1050万千米长的"0"！

而神经细胞连接数越大，大脑潜能就越大，所以，我们每个人都是一个有无限潜能的天才！

二、左右脑功能

我们的大脑是分左脑和右脑的，左脑比较擅长处理文字、数字、逻辑、分析等；右脑则比较喜欢处理图像、色彩，更擅长想象和创造。科学研究显示，人类的大脑在处理任何一件事情的时候，都不会只使用左脑或者右脑，而是左右脑一起巧妙协调工作。左右脑结合在一起，人就拥有了强大的思考能力。

绘制思维导图是充分调用左右脑协同工作的有效方式之一，因为在绘制思维导图的过程中，你不仅需要调动左脑进行有效的逻辑分析，更要调动右脑进行色彩、图像的处理，发挥想象力。这个过程充分地激发了左右脑的潜能，可以让我们的思维更敏捷、头脑更清晰，不仅对提升逻辑分析、创意思考、人际沟通等能力有帮助，还能明显强化记忆能力。

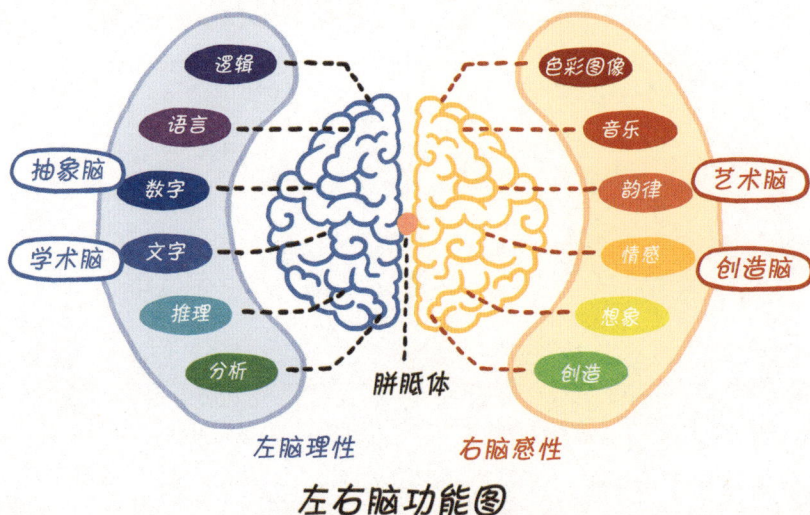

逻辑　语言　抽象脑　数字　学术脑　文字　推理　分析

色彩图像　音乐　韵律　艺术脑　情感　创造脑　想象　创造

胼胝体

左脑理性　右脑感性

左右脑功能图

画思维导图时，我们是在运用一种叫作放射性思考（Radiant Thinking）的思考方式，这和大自然中的很多现象都很像，比如：大树的生长结构，显微镜下的大脑神经元。

放射性思考是人类大脑最自然的思考方式，不需要特意学习，每个人天生就会。每一种进入我们大脑的信息，不管是感觉还是想法，都可以成为一个思考的中心。由这个中心向外发散出好多好多的"挂钩"，每个挂钩又可以继续发散，而这些挂钩相连，就形成了我们思考和记忆的线索。

思维导图就是以放射性思考为基础，并通过发散、收敛这样收放自如的方式，提供给我们一种非常快速、有效的学习方法。

四、人对信息的处理

经常会听到有人说想要提高自己的记忆力，那什么是记忆力呢？简单从字面上理解一下：记忆力由"记""忆""力"3个字组成。

记，就是信息的输入，也叫存储；忆，就是信息的输出，也叫提取；力，就是能

输入　输出

记　忆　力

存储　提取　能力

力。一个记忆力好的人，应该是信息的存储能力和提取能力都好的人。

日常学习中，读书、听课等都属于信息输入，写作、表达等都属于信息输出。而我们通过思维导图的帮助，可以让信息的输入和输出都变得更加高效、有序。

五、人的体验感

科学家的大量实验表明，大多数人对图像化的东西会更加敏感、更加感兴趣，而结构化的东西则会给人思路更清晰的感觉。人们在使用思维导图时，都会有很好的体验感。而绘制思维导图这种手脑配合的操作，本身也会提高人的专注力。这也就是很多人说平时一看书就犯困，但一边看书一边用思维导图整理读书笔记，不但不会困，反而会越整理越精神的原因了。

思考与练习

1. 回忆一下，你平时更多的是习惯使用左脑还是右脑？请举例说明。

2. 如果"记忆"拆解为"记"和"忆"，分别对应"存储能力"和"提取能力"，评估一下你自己平时的这两项能力如何，并说说为什么？

3 什么是亲子思维导图

很多人会简单地认为"亲子思维导图"就是家长和孩子一起学思维导图，其实事情并没有这么简单。

"杰伴成长"自提出亲子思维导图概念时，就为它赋予了更深层的含义。

一、亲子间的分工

亲子思维导图，既然是"亲子"，就表示有"孩子"和"家长"两大主体。

孩子： 在学习、思考及应用过程中，孩子拥有主导权的同时，还拥有更大的自由度。

家长：在扮演一个"共学者"的同时，家长还是一个非常重要的"陪伴者"和"引导者"。

所以，本书除了讲述思维导图的基本操作方法之外，还会给家长分享关于更好地陪伴孩子学习和引导孩子思考的方法（详见家长手册）。

这里先给家长几个建议：

✓ 忘掉身份，和孩子一起学习，一起探讨
✓ 学会提问，做孩子思考上的引导者
✓ 把握分寸，该放时放，该帮时帮
✓ 关注优势，帮孩子发现自身亮点
✓ 以身作则，成为孩子应用思维导图的榜样

二、亲子思维导图的应用场景

由于思维导图本身就是一个应用非常广泛的思考工具，所以亲子思维导图的应用场景也非常多。

在课内学习方面，家长可以协助孩子一起完成有效的课前预习、当天的课堂笔记整理、考前综合复习；在各个学科中也可以有针对性地为孩子提供助力，像语文学科中的阅读理解、写作和表达，英语学科中的单词记忆和语法学习，数学学科中的知识整理和解题思路梳理等。家长不必吃透学科知识，也同样可以借助亲子思维导图来对孩子进行陪伴和辅导。

在课外学习方面，家长也可以借助亲子思维导图和孩子一起做很多拓展应用，比如，课外书阅读后的知识梳理，外出旅游前的攻略准备、旅游回来后的收获总结，孩子的兴趣管理及兴趣班选择等，都可以在尊重孩子的基础上，让孩子收获更多！

在日常生活方面，亲子思维导图的应用就更广泛了，比如亲子间的日常沟通、家长和孩子各自的自我管理、定期的家庭会议等，亲子思维导图都可以帮上大忙！

三、亲子思维导图可以带来什么收益

家长　　孩子

对孩子来说，在学习方面，思维导图可以提高学习意愿和主动性，使写作业的效率更高，不再拖拖拉拉。长期坚持下去，随着学习能力的不断提升，学习成绩自然会有所提高。在生活方面，孩子的计划性会越来越强，统筹规划能力也会有所提高，随着思路的不断清晰，孩子自身的领导力也会越来越强。

对家长来说，通过和孩子一起学习和应用思维导图，自身得到的改变和收获也是巨大的。思维方式的提升，会越来越善于思考和解决问题，逻辑性也会越来越强。使

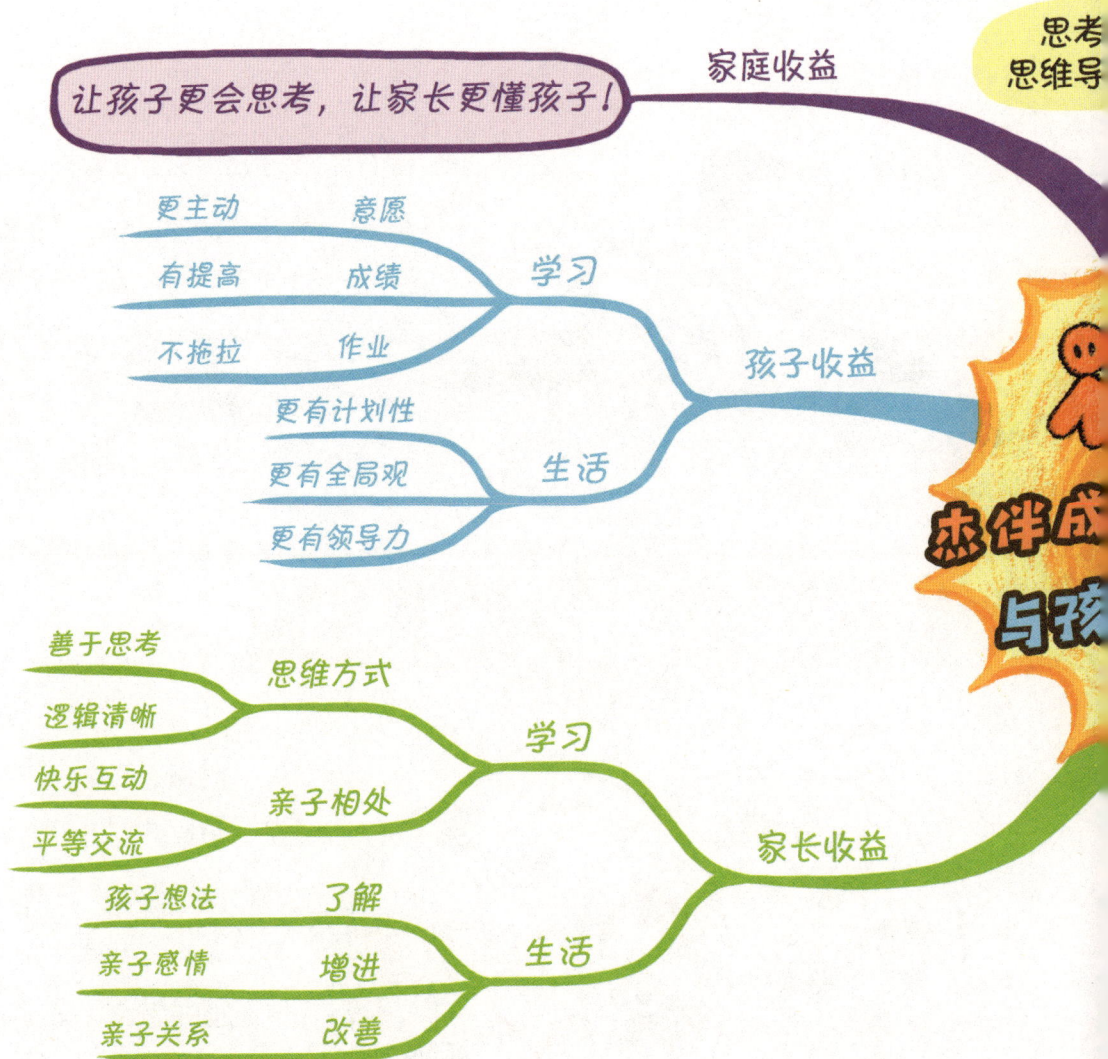

思考
思维导

让孩子更会思考，让家长更懂孩子！

家庭收益

更主动　意愿
有提高　成绩　学习
不拖拉　作业
　　　　　　　　　孩子收益
更有计划性
更有全局观　生活
更有领导力

善于思考
逻辑清晰　思维方式
快乐互动　　　　　　学习
平等交流　亲子相处
孩子想法　了解　　　　　家长收益
亲子感情　增进　生活
亲子关系　改善

杰伴成
与孩

画图为辅
我所用"！

亲子思维导图
一起结伴成长

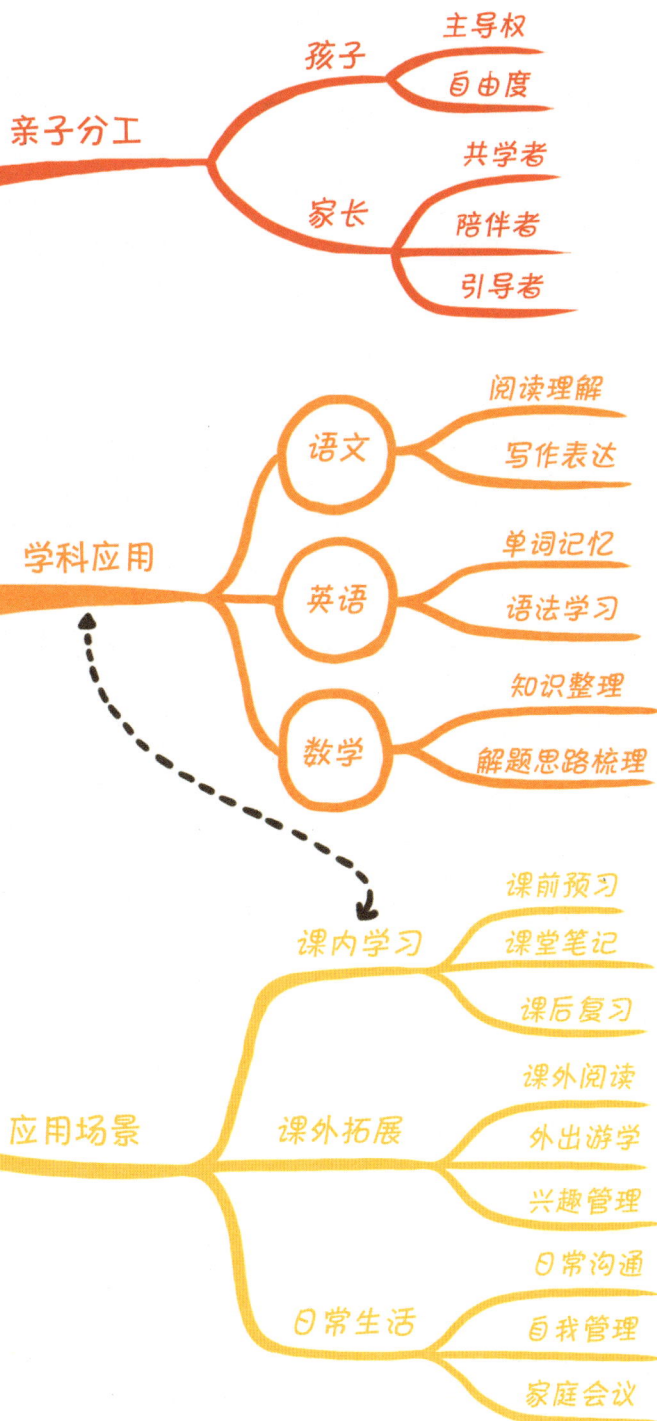

亲子分工
- 孩子
  - 主导权
  - 自由度
- 家长
  - 共学者
  - 陪伴者
  - 引导者

学科应用
- 语文
  - 阅读理解
  - 写作表达
- 英语
  - 单词记忆
  - 语法学习
- 数学
  - 知识整理
  - 解题思路梳理

应用场景
- 课内学习
  - 课前预习
  - 课堂笔记
  - 课后复习
- 课外拓展
  - 课外阅读
  - 外出游学
  - 兴趣管理
- 日常生活
  - 日常沟通
  - 自我管理
  - 家庭会议

用正确有效的方式与孩子相处，会获得更加快乐的亲子互动和平等的交流。而且，随着这样高质量的亲子陪伴，家长可以更加了解孩子的想法，增进亲子感情，改善亲子关系。

对于整个家庭来说，那无疑就是"杰伴成长"一直以来的使命：让孩子更会思考，让家长更懂孩子！所以，将"亲子思维导图"工具运用在学习和生活的方方面面，就是一个家长和孩子一起结伴成长的过程！

思考与练习

　　1. 以你自己的家庭为例，说一说你能发现的可以使用"亲子思维导图"的场景都有哪些？

　　2. 目前，你是如何看待"亲子思维导图"这个方法的？

4 思维导图初学者常见误区

很多人在思维导图初学阶段，经常会陷入以下误区。

误区一：认为自己不会画画，学不好思维导图

这个问题必须重点说明一下，因为这是很多思维导图初学者的顾虑。

思维导图是一个思维工具，不是一个美术工具，学习思维导图是一个学习思考的过程，并非一个练习画画的过程。

尽管在使用过程中会用到一些色彩、线条甚至图像等，但这些元素的加入都是为了辅助思考的，而不是为了美观的。所以，有美术基础完全不是学习和使用思维导图

的必要条件。可以这么说，思维导图可以画得很好看，但"好看"一定不是思维导图最重要的衡量标准，更不是唯一的衡量标准。

误区二：认为思维导图就是换了个方向的大括号图

大括号图，很多人都用过，比如，总结知识点时就有很多人在用，写作文列提纲时也有很多人会用到。

那么，我们现在要学习的思维导图和大括号图到底有什么差别呢？

简单来说，大括号图可以呈现出基本的逻辑框架，也能表现整体和部分之间的关系，但它并没有要求必须使用关键词，也没有要求使用色彩和图像等。

而结构化、关键词、色彩、图像这几个要素都是思维导图的核心要素，也正是通过这些要素，思维导图才可以更好地同时激发人的左右脑，使人进行"全脑思考"，这和大括号图是有本质差别的。相信你认真读完本书后，还能说出更多二者具体的差别。

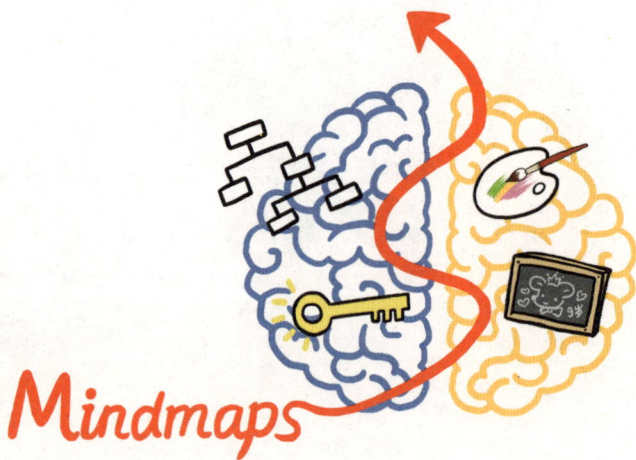

误区三：认为思维导图非常简单，根本不用学

有很多人说，思维导图我看一眼就会画了，还有什么必要认真看书，甚至上课来学习呢？

如果我们单纯把思维导图理解成一张图的话，可能很多人都不用学了，照猫画虎地画张看起来像思维导图样子的图，的确没什么难度。如果美术功底好，就更不在话下了。

但如果你想通过思维导图来帮助自己学习、思考，逐渐提高思考能力、学习能力和记忆力，就没那么容易了。

因为看似简单的一张图背后，有太多的门道，太多的原理和技巧，用对了可能真的会让你逻辑清晰并打开更多思考的窗口；不会用，你就只能停留在日复一日地机械画图的状态中，可能日积月累，你提高的只是画图的技巧而已。

你要知道，如果你对思维导图的期待仅仅停留在画图的层面，那简直太大材小用了！

所以，我们不但要认真学习思维导图的绘制规则，更要搞明白这些规则背后的原理。我们要学习并应用思维导图，更要探寻这些应用背后的规律，学会举一反三。

误区四：认为画思维导图是一件特别浪费时间的事

如果你平时在网上看到过一些精美的思维导图，你可能会为之震撼，同时也可能在心里感慨，这得画多长时间啊！有些家长和孩子就会很恐惧，本来平时时间安排得就很紧张了，哪还有那么多时间画思维导图啊？

其实，并不是所有思维导图都需要画得非常精美！我讲课时会简单给学员形容，思维导图可以分成"5分钟导图"和"2小时导图"。

"5分钟导图"泛指那些拿笔随手在纸上勾画出来的思维导图，画这种类型的思维导图的目的是帮助你快速理清思路或者激发灵感。这些导图的结果没必要呈现，或者不需要用思维导图的方式呈现，因为它的作用就是帮助你把事情"理清楚"。有时甚至一张完整的思维导图都还没画完，思路就已经清楚了，这时候就没必要再继续把它绘制精美了。

"2小时导图"泛指那些需要高质量呈现或者是很

重要的、值得反复翻看的思维导图，比如，要拿去交作业或者参加比赛用的思维导图、重要的读书笔记、干货满满的课程记录，或者你的知识整理笔记、科目复习资料等，对于这些重要的内容，自然要用心绘制思维导图。虽然会花费一些精力，但坚持下去你就会发现，这些精力的投入是非常值得的。

所以说，画思维导图到底需要多长时间，是由绘制目的决定的，是由绘制者来决定的，所以就不存在浪费时间一说了。

误区五：认为思维导图是一次就能画成的

经常有学员问我："老师，我画思维导图时总是画到一半，甚至画完以后突然有了新的想法，或者又有不一样的设计了，这该怎么办呢？"

对于这样的问题，我想说：这太正常了！

我们绘制思维导图的过程，就是逐渐理清思路的过程。有时候一幅思维导图的诞生，需要经历第 2 稿、第 3 稿……甚至第 N 稿，这都是非常正常的事情，不用过多纠结。

误区六：以为保存了很多精美的思维导图就是掌握了知识要点

很多人有一种心理，就是看到好看的思维导图就保存，然后就觉得很有"安全感"。我也遇到过有些人看到别人在用思维导图绘制读书笔记，就说："回头发给我看看，这样我就不用自己看书了。"还有很多家长看到有人分享课文或者古诗词的思维导图，就会赶紧替孩子保存下来。

我还遇到过一个特别用心的家长，她自己把孩子一学期的学习内容都绘制成了思维导图，让孩子复习时去背，效果却没有想象中的好。

以上这些案例，都不能说做法不对。但是我想提醒大家，画好的那张思维导图叫作"结果"，而绘制思维导图的"过程"往往比结果重要得多。只有通过思考绘制思维导图的过程，才能让绘制者获得无法替代的学习成果。

思考与练习

1. 文中提到的这几个误区你曾经有过吗？你现在是如何看待这些误区的？

2. 如果说，到现在为止还有一个阻止你学习和使用思维导图的理由，你觉得会是什么？你打算如何解决？（当然，如果没有就更好了！）

本章知识
精华

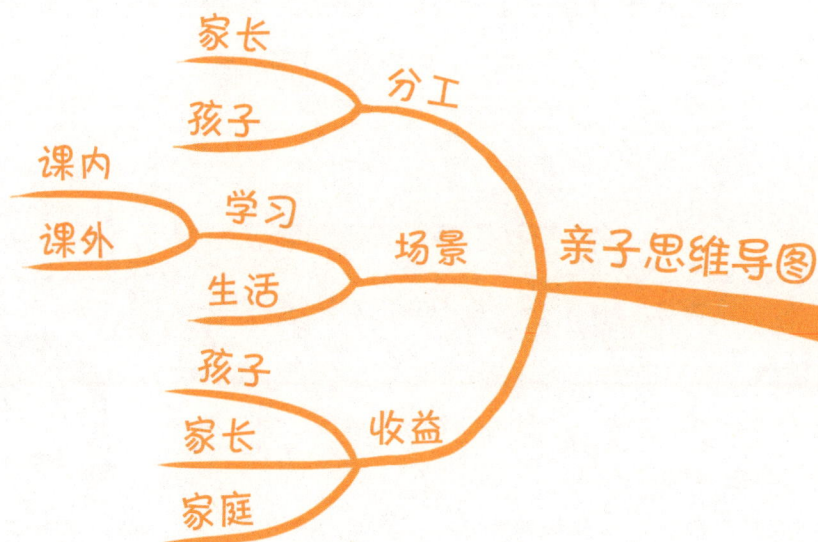

走进亲子
的神

亲子思维导图

分工 — 家长
      孩子

场景 — 学习 — 课内
              课外
        生活

收益 — 孩子
      家长
      家庭

思维导图

广义包括
- Thinkingmaps
- Mindmaps

价值 思维金钥匙

关键特点
- 结构化
- 可视化 图文并茂
- 非线性

作用 思维
- 整理
- 激发

发明 东尼·博赞 英国

为何有效

大脑
- 神经元
- 左右脑

放射性
- 发散
- 收敛

记忆力
- 记
- 忆
- 力

体验
- 图像化
- 结构化

学习总结

我的
收获

妈妈的
收获

第二章

轻松学会画
思维导图

重要度：★★★

学会思维导图的基本画法，保证通过正确的绘制技巧来训练良好的思考能力。

画一幅像"思维导图"样子的图，其实并不难。即便你从来没学过，照猫画虎也可以画得八九不离十。但要想画出能够反映思考过程的思维导图并不容易，运用正确的方法非常重要！

我们不仅仅要学会正确的绘制步骤，更重要的是搞清楚为什么要这样画？为什么要用这样的步骤？这些要求背后有什么原因？

"知其然更要知其所以然"，用这句话来形容学习画思维导图的过程非常贴切，因为将来真正可以帮助你的，不仅仅是怎么画，更重要的是你为什么要这样画！

"工欲善其事，必先利其器。"在这一章中，我们会讲到什么样的纸和笔更适合用于绘制思维导图。在书末还帮你储备了一些实用的绘图资源，让你的学习事半功倍！

好了，带着这样的小思考，开始跟着我一步一步展开学习吧！

1 思维导图的核心秘籍

你一定听说过做很多事情是有秘诀的，在思维导图的绘制背后，也有一套秘诀！

一、中心主题

每一幅思维导图都有一个明确的"中心主题"，它是用来帮助我们聚焦思考的。

无论绘制什么主题的思维导图，都要从这个中心主题开始"发散思考"，你也可以理解成，这是我们思考的"出发点"。我们看别人绘制的思维导图，也要从"中心主题"开

始，它可以帮助我们快速了解一幅思维导图的核心内容。

中心主题，一般采用"图文结合"的方式表现。这样不仅可以清晰地传达内容，更能增加内容的吸引力。

二、结构

思维导图是有清晰的逻辑结构的，而且采用的是一种很典型的从中心向四周延展的思考方式，又称放射状结构化思维方式，这种结构的特点是很像一棵大树，所以又称为"树状结构"。

树状结构能帮助我们把信息清晰地分类、分层，让思路变得更有条理，让理解和记忆都变得更加容易。

经常通过绘制思维导图来训练结构化思维，我们的思考能力能得到很大提升。

网状脉络
全局思维
系统思维
关联
思维
核心
内容区分
传递情绪
颜色
图标
符号
图形
包括
有意义
图像

三、线条

思维导图的树状结构是靠线条呈现出来的。线条的准确处理对结构的清晰呈现起到了很大的作用。

从中心延伸出的线条，称为"主干"，其他线条统称为"分支"。主干要明显比分支粗，这样从视觉上可以给人"主次分明"的感觉。

手绘思维导图时，建议用"曲线"，因为画曲线时大脑处于更加放松的状态，更有助于我们展开丰富的联想。

在思维导图上出现的文字要尽量简短、精练，我们称之为"关键词"。

可以这样理解，关键词就是一堆信息中的重点，根据关键词我们可以复述出内容的大意。从表达的角度，关键词可以精准地突出重点；从理解的角度，关键词可以让我们一下子抓住问题的核心；从记忆的角度，关键词可以让我们减少记忆的负担。

在思维导图上写关键词要注意一条线对应一个词，字要与线贴合。经常通过画思维导图提炼关键词，可以逐渐提高我们归纳、总结和提炼的能力，而且可以促使我们从"被动接收信息"变为"主动思考"。

中心主题
聚焦思考
图文结合
结构
树状结构
逻辑清晰
线条
曲线
粗—细
关键词！
一线一词
字在线上
籍

五、图像

仔细观察思维导图，可以发现它有一个很明显的特点：图文结合！上面的图像非常抓人眼球，容易吸引人的注意力，也给整个思维导图增添了很多活力。

图像、符号等都可以提升我们的想象力，也可以更好地激发我们的创造力，而且图像从视觉上就比文字更加有吸引力。

但要注意的是，思维导图里的图像可不仅是用来装饰的，而且应该是"有意义"的。这些图像是用来帮助我们表达、理解和记忆的，并不单纯的是为了好看而加入的"插图"。所以有时我们也称之为关键图像。

六、颜色

思维导图是要有颜色的，因为颜色可以刺激大脑，强化大脑对事物的感受。此外，它还能帮助我们清晰地区分不同类型的信息，刺激我们的灵感，激发我们的创意。

红色
太阳 火焰 热血
温暖 热烈 危险

蓝色
天空 冰雪 海洋
寒冷 理智 平静

黄色
阳光
麦田
危险
灿烂
辉煌

橙色
火焰 霞光
活泼 跃动

绿色
植物 森林 春天 军装
生命 青春 和平 新鲜

紫色
花卉 水晶
高贵 梦幻

黑色
钢铁 石头
沉重 稳定

在思维导图中，颜色一般有两个主要作用，一个是"区分"，另一个是"传递情绪"。

绘制思维导图时，每一个大类用同一种颜色，这样我们从视觉上就可以对内容进行直观分类，起到区分的作用。

至于每个大类用什么颜色，在选择时就可以考虑到这部分内容带给你什么样的感受，比如"爱好"让人感觉充满了热情，可以选"红色"；"理想"充满了希望，可以选"绿色"。不同的颜色是可以传递不同的感受的。当然，颜色的选择没有绝对的对错。

七、关联

"关联"是思维导图非常实用也非常重要的功能。

常见的关联关系有两大类，就是"重复"和"因果"。

关联一般通过"线条"和"箭头"来表达，有时候也可以用相同的"小图标"，或者相同的"底色"来表达。

把不同分支间有关系的内容联系起来，这种视觉上的直观表达可以帮助我们更好地"掌握全貌"，思考也更有"体系性"。有了关联，思维导图的"树状结构"就上升为"网状脉络"。

以上就是思维导图的 7 个核心要素。为了帮助大家更好地记住，我们把每一个要素提炼出一个字，这样要记住这 7 个核心要素，就只需要记住 7 个字：心、构、线、词、图、色、联。

以后你在画思维导图的过程当中，要经常用这"7 字核心"要素来进行自我评估，因为这些都是思维导图对我们的思考能力有帮助的秘密。

1. 熟练默背出思维导图核心要素的 7 个字，并说出每个字背后的含义。

2. 还记得在第一章第 1 节的"思考与练习"中我让你准备过 3 幅你认为画得不错的思维导图吧，现在拿出来，用 7 字核心评估一下，看一看当时你写下的你觉得不错的理由和 7 字核心有什么关系，再用 7 字核心评估一下这些思维导图是否还有改进的空间。

2　思维导图的四大法宝

一、纸

1. 样式

尽量选择纯白色的纸，并且是空白的，不要带底纹或者格子。这样我们在画图时，思绪可以不受其他事物的干扰。

如果纸上印有横条格，有时候会让我们的思考不自觉或习惯性地陷入条列的模式；如果纸上印有图案，也会不经意地影响我们的思考。

2. 大小

建议选择 A4 大小的白纸，这个尺寸的纸非常适合用来画思维导图。

如果信息量较大，比如期末总复习时，也可以选择 A3 大小的纸。

但还是要提醒大家，对于整理学习知识点的思维导图不建议放入太多、太详细的内容，否则重点就不突出，而且也影响记忆的效果。

3. 方向

纸张横放。这样便于我们在绘制时发散思维，使思考内容一层一层地向左右延伸，而且画面更舒展，看着更舒服。如果竖着放的话，左右两边很容易就"碰壁"了，发散会受限制。

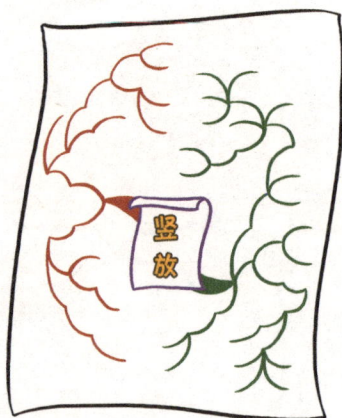

二、笔

1.12 色水彩笔

最好是双头的，一头粗一头细，细头便于写字，粗头方便快速涂色。

2.12 色彩铅

彩铅除了涂色效果比较柔和外，还能帮助我们进行有效的复习。这一点后面我们会详细讲到。

3.4 色圆珠笔

有时候我们在课堂上一边听课一边记笔记时，不太方便总换笔，或者外出时，不一定身边总带着很多彩笔。所以，一支 4 色圆珠笔可以用来快捷地画思维导图。

三、脑

脑就是我们的大脑，因为思维导图是个与思维有关的工具，而思维离不开我们的大脑。请你开动大脑，尽情发挥你的大脑潜能吧！

我们的大脑分左脑和右脑，它们的分工不同。前面我们一起学习过思维导图的核心要素，比如结构、关键词，这些更多是由左脑负责；而比如颜色、图像，这些更多是由右脑负责，所以思维导图可以非常好地同时调动我们的左脑和右脑，是一个真正可以激发"全脑潜能"的思维工具。

四、想

想是指"联想"，在思维导图的绘制过程中我们要不断地发挥大脑的联想能力。

通过联想，可以建立起信息之间的关联，把新、旧知识连接起来，帮助我们更好地学习和记忆。联想还可以让我们脑洞大开，获得更多的灵感，培养更丰富的想象力。

我们来玩一个小游戏，比如我们随便选一个词：灯泡。

现在我们来围绕着"灯泡"一词想一想，看看都能想到什么？

右图这样的联想方式，就像是围绕着一个中心开花，出现了很多花瓣，叫"联想开花"。平时多做这种联想练习，对增强我们思考的广度非常有帮助，慢慢地还能培养我们的创造力。

同样还是用"灯泡"这个词，这次我们换一种玩法，用一个接一个的联想方式。

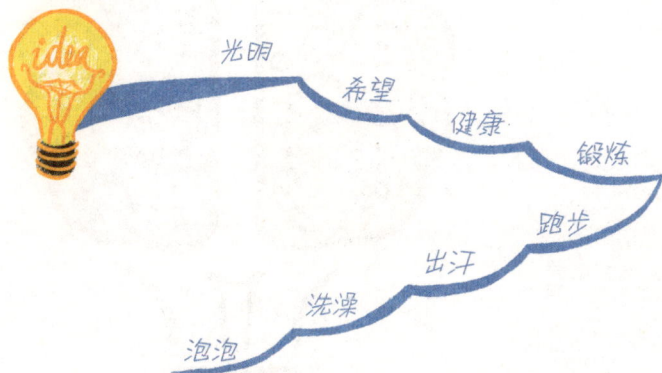

创意 电 光明 灵感 爱迪生 开关 蜡烛 发电 圆形 玻璃

idea

光明 希望 健康 锻炼 跑步 出汗 洗澡 泡泡

使用左图这种后一个接着前一个的联想方式，图会越来越长，就像一条长龙，叫"联想接龙"。平时多做一做这样的联想练习，对增强我们思考的连贯性会有促进作用。如果思考的内容有逻辑关系，还能增加我们思考问题的深度。而且训练得当的话，可以非常好地帮助我们提高记忆力。

"联想开花"锻炼"水平思考"的能力，"联想接龙"锻炼"垂直思考"的能力。所以，请大家尽情地展开联想吧！

就像"文房四宝"一样，"导图四宝"的纸、笔、脑、想，你记住了吗？

笔 脑 想 纸 idea

导图四宝

- 想
  - 联想
    - 联想接龙
    - 联想开花
  - 想象
  - idea
- 纸
  - 空白
  - 横放
  - 大小
    - A4
    - A3
- 脑
  - 左脑
    - 理性
  - 右脑
    - 感性
- 笔
  - 水彩笔
    - 12色
    - 双头
  - 彩铅
    - 复习用
  - 4色圆珠笔
    - 方便

思考与练习

1. 像说"文房四宝"一样熟练说出"导图四宝"是什么，以及相关的说明和注意事项。

2. 为自己准备一套合适的"纸"和"笔"吧，为你开启思维导图之旅做好充分的准备。

3 思维导图的六大步骤

了解了思维导图的基础知识后，相信你一定已经跃跃欲试了。了解了下面的内容后，你就可以动手实践了！手绘思维导图一共有 6 个步骤，下面我们一边示范一边讲解。

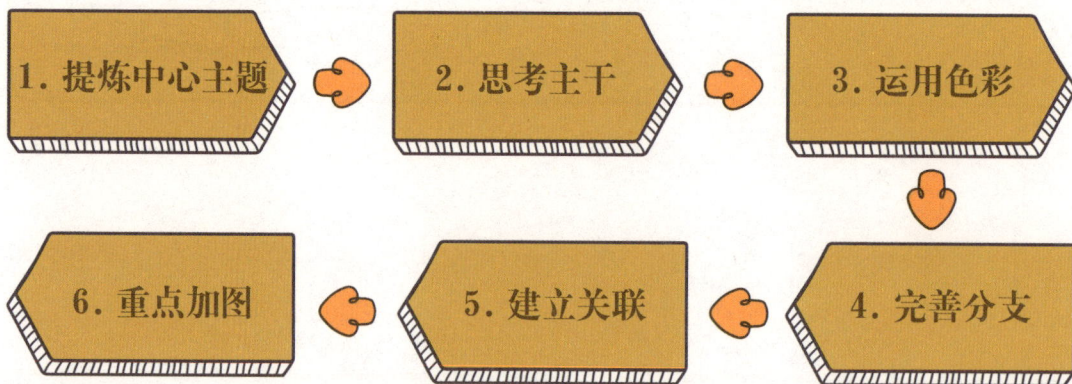

1. 提炼中心主题 ➜ 2. 思考主干 ➜ 3. 运用色彩

⬇

6. 重点加图 ⬅ 5. 建立关联 ⬅ 4. 完善分支

第一步，提炼中心主题

中心主题的表现尽量"图文结合"，这样既可以让内容清晰、明确，又很有吸引力。

先思考你要画的思维导图的中心主题，想一想是否有什么样的画面或图像可以用来表示，把它在纸的正中间简单地画出来，再配上适当的文字。而且图像要用彩色的，如果可以的话，尽量使用 3 种以上的颜色，因为色彩和图像可以吸引我们的注意力，还可以激发我们的联想能力和增强我们的记忆效果。

比如，我现在要画一张我的自我介绍的思维导图，我脑海中首先想到的是一个太阳，因为我觉得太阳代表正能量，这和我的性格很像；然后是我的名字"英杰"两个字。所以我的中心主题就可以画成右图这样。

第二步，思考主干

画好中心主题之后，我们要开始思考，关于这个主题，我们打算从哪几个方面去展开呢？

注意，这一步只是让你思考，并没有要求你马上落笔去画。

从全局来想一下，关于这个主题分几个大类展开比较合适，分类的数量不要太多，一般最多不要超过 7 个，3～5 个是比较理想的安排。

比如，关于我的自我介绍，我打算从 4 个方面展开，分别是：基本信息、爱好、学习、理想。

理想　基本信息
学习　爱好

确定下来后，你可以再反推思考一下：如果把这 4 件事都讲清楚了，你是不是就把中心主题说明白了？同时，也可以粗略地思考一下，基于这样的分类和你计划大致呈现的信息量，这个画面怎么布局可能会更合理一些。比如，我就会想到，我这 4 个主干正好可以左边两个、右边两个，这样看起来会相对比较平衡。

第三步，运用色彩

思考好主干后，接下来要做的就是把这些主干画在图上。

为了区分内容，4 个主干要选 4 种不同颜色的笔来画。为了传递情绪，要具体想一想每部分内容用什么颜色更合适。

先看第 1 个，基本信息，这部分内容给我的感觉是比较客观的事实，相对理性，所以我选择用深蓝色。

第 2 个，爱好，我觉得既然是爱好就充满了喜爱的热情，用红色更能表达我的心情。

第 3 个，学习，我觉得学习是一件很理性的事情，并且是我喜欢的，所以我会很有动力，可以用天蓝色来表达，没有深蓝色的颜色那么重，但也有偏理性的感觉。

第 4 个，理想，一提到理想，就会感觉充满了希望，有一种生机勃勃的感觉，所以我觉得可以用草绿色来表达。

这样，通过思考，我就确定了用什么颜色来表达每部分内容。然后再结合整体画面的布局，确定主干围绕着中心主题，左右各两个，这样的分布比较合理。

第一个主干，画在中心主题右上方的位置（相当于在表盘的 1～2 点钟的位置），然后依次按照顺时针方向画出其他主干。

这一步看似很简单，但却是思维导图学习和运用过程中，相对来说比较难的一步。在这一步中有两点要特别注意，一点是"结构化思维"，另一点是"关键词的一线一词"。

因为在这一步中，我们不仅要把细节都画出来，还要通过画图的过程，不断训练自己结构化思维的能力和提炼重点的能力。

"结构化思维"简单来说就是对内容要一层一层地展开，从大类到中类，再到小类。"一线一词"更好理解，就是把词尽量拆到最精简的状态。

举个例子，在对基本信息的思考中，首先我想到的是可以写哪几个方面，而不是对其中一个方面直接思考到最终的细节。

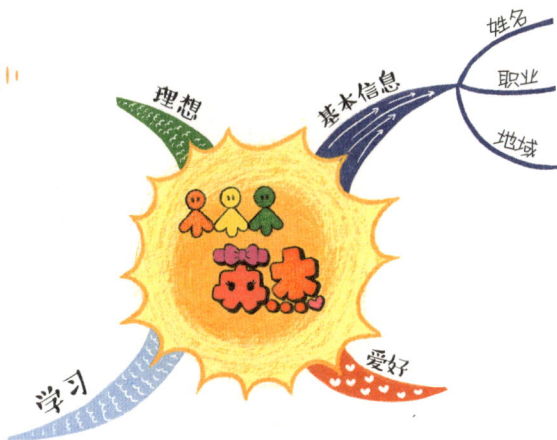

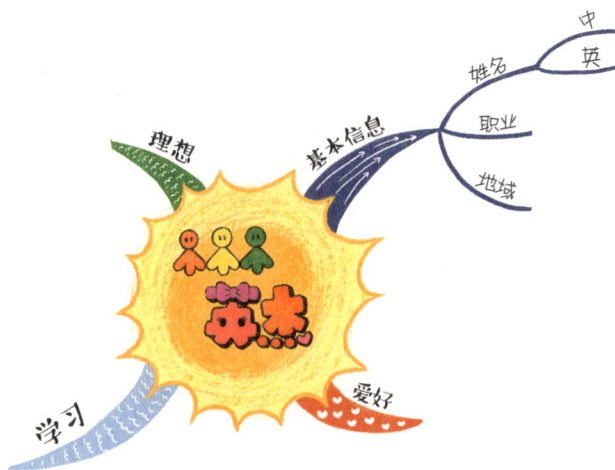

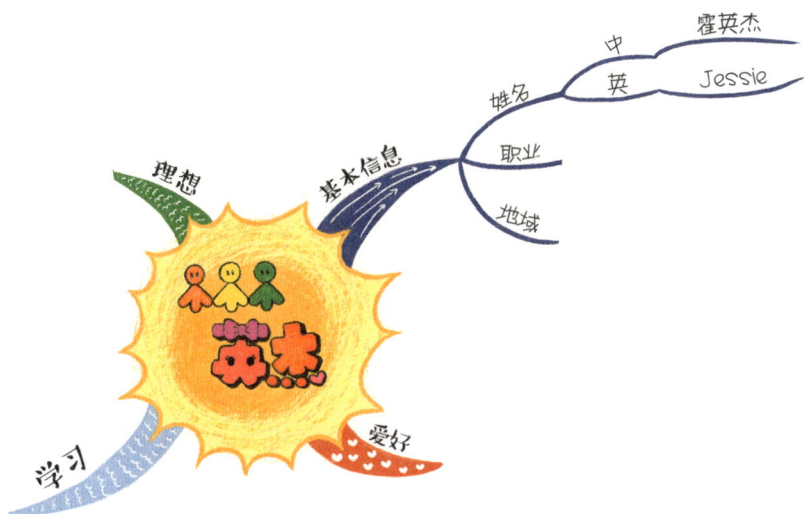

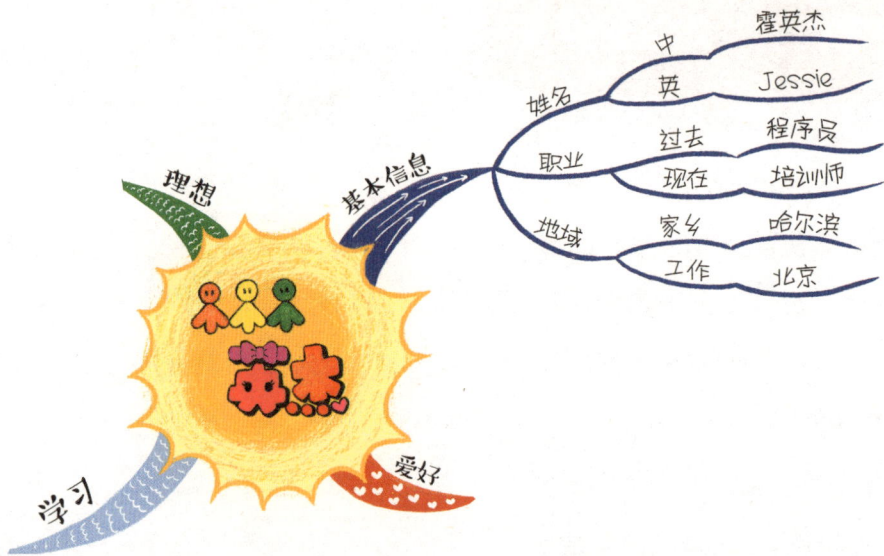

这有点像我们走路的时候遇到了岔路口，这时可以先不急着继续前行，而是先停下脚步思考和分析一下我们面前有哪几条路可以走，然后把这几条路的探索顺序确定好，这样就可以一条一条去尝试了。

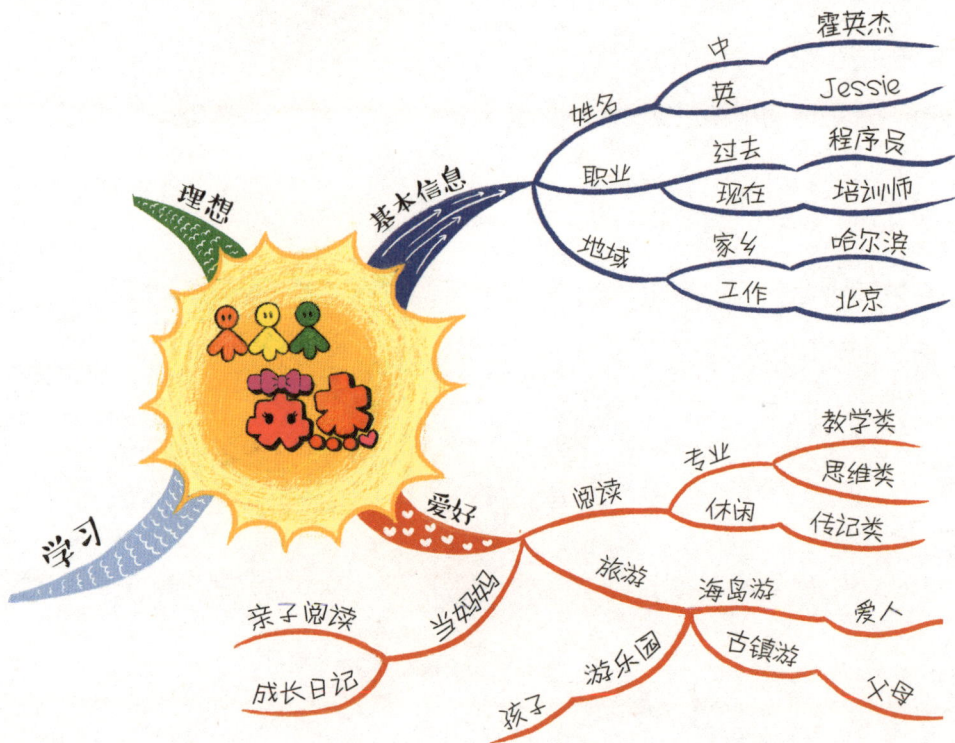

按照这样的方式，
把每个主干后面的分支
全都画完。

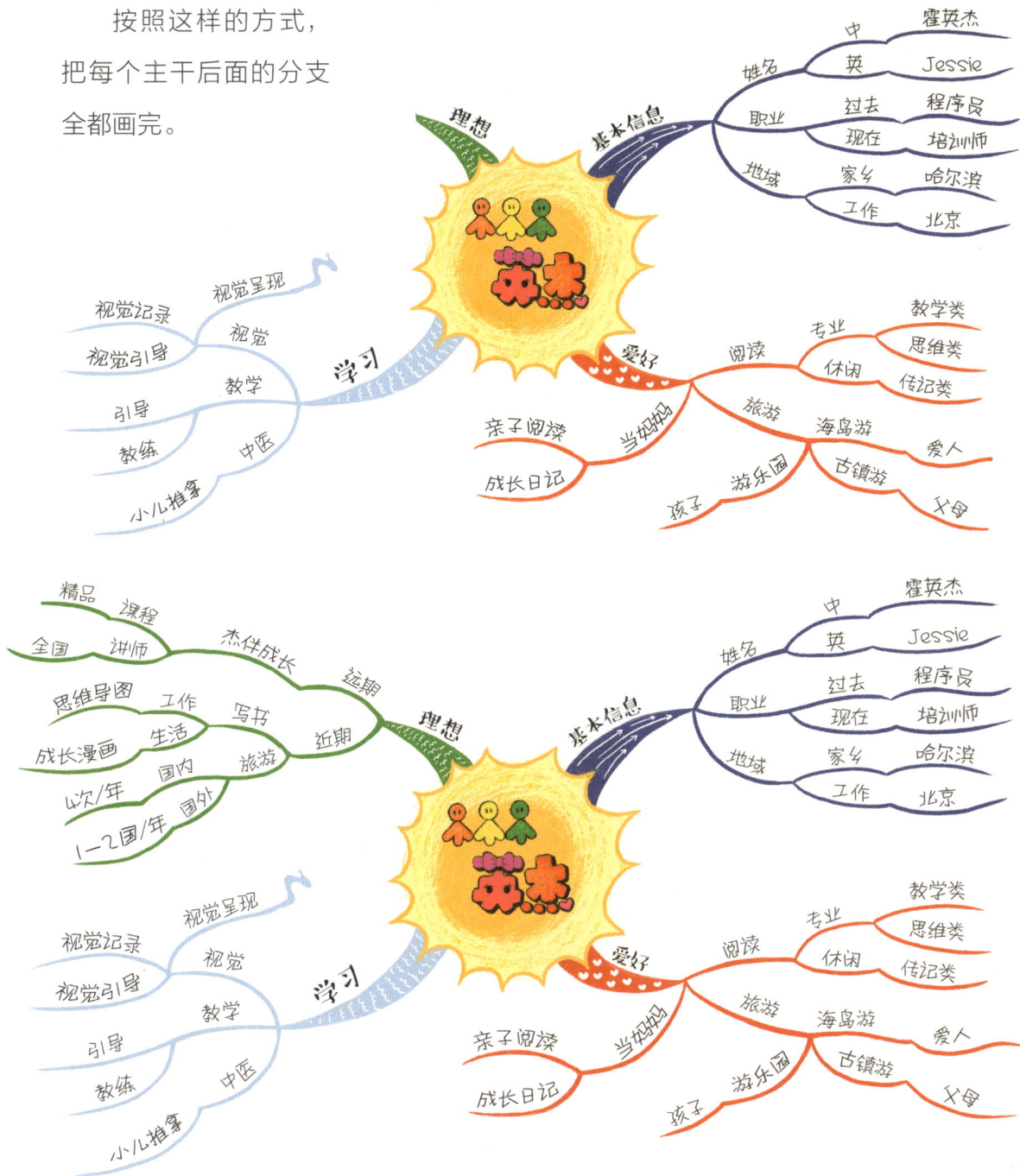

按照结构化思维进行思考的方法和传统的记笔记方法有很大的差别，但正是这种差别，才更能锻炼我们结构化的思考能力，而清晰的结构化思考可以更好地帮助我们理解和记忆。

第五步，建立关联

前 4 步做完后，一幅思维导图就完成一大半了。可以说，后面两个步骤是帮助我们对目前的思维导图做进一步完善的。

先说建立关联。这是思维导图绘制过程中非常"精华"的一个步骤。

因为，如果你想找到合理的关联关系，首先要对所有内容进行全盘回顾，看看有没有什么地方重复了、各项之间是否存在因果关系等。如果答案是肯定的，我们就可以借助关联线把它们之间的联系建立起来。

比如，在我的自我介绍中，我的职业和爱好是有关系的，那么就在图中给它们建立关联。

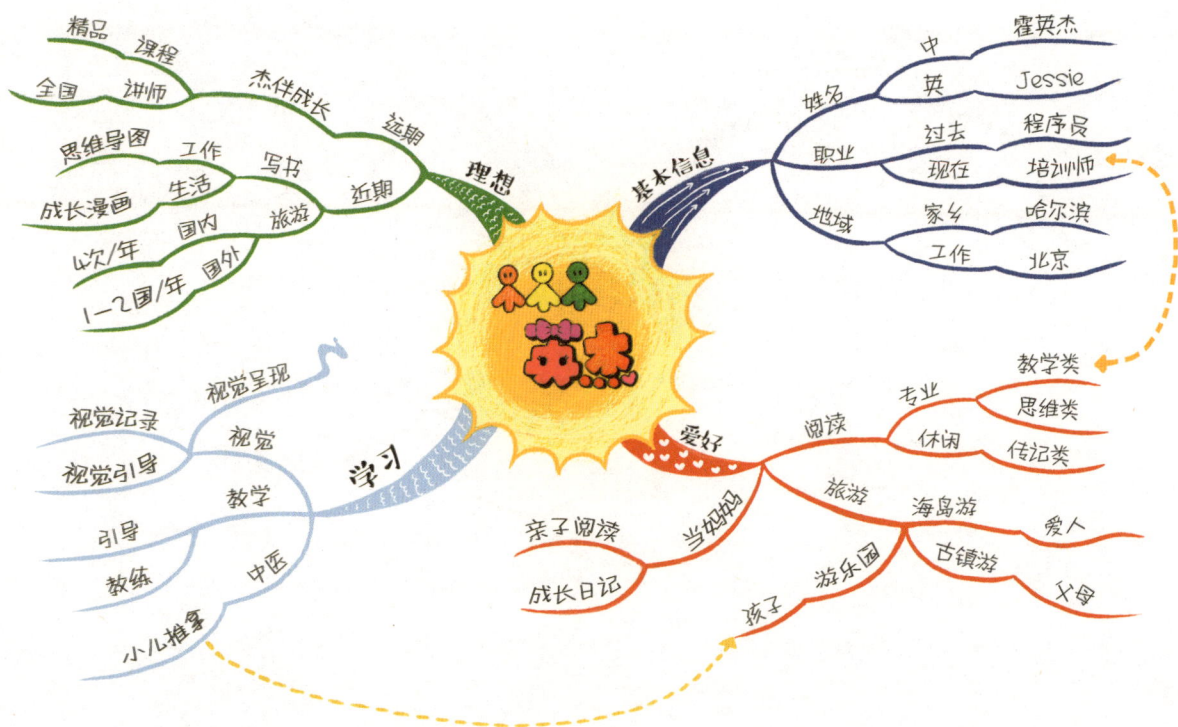

当建立了关联，我们的思维导图就从"树状结构"上升到了"网状脉络"。它给我们带来的价值，就是我们对整体的内容有了更深入的思考。

前面讲过，思维导图里面的图，绝对不是为了美观而加入的插画，而是一些有意义的图。不是所有的地方都要画图，建议大家只在那些重要的地方加图。

比如，我的这个自我介绍中，我希望给大家强调的重点，就可以在上方画一个小图。

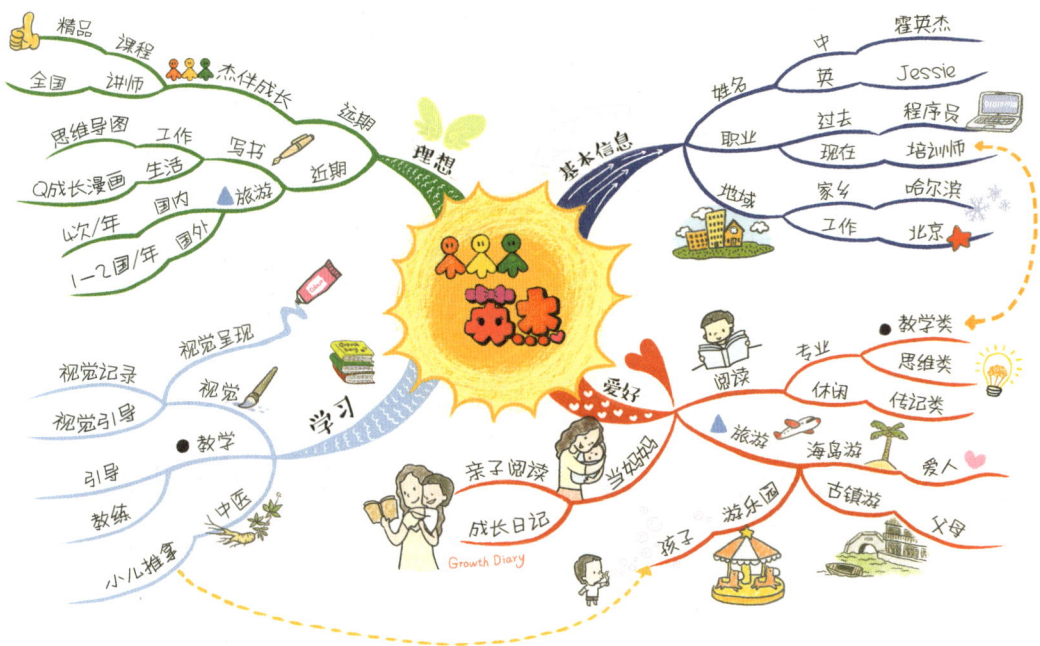

1. 复述绘制思维导图的六大步骤及每个步骤的注意事项，思考为什么是这样的顺序。

2. 绘制一幅关于你自己的自我介绍的思维导图，绘制过程中注意遵循思维导图的六大步骤，画完之后自己用了字核心检验和评估一下，看看哪里做得好，哪里还需要改进。

4 思维导图的进阶技术

一幅思维导图的形成可以分成两大环节——思考和绘制，也就是想和画。

在这里就从这两个方面给大家介绍一些思维导图的进阶技术，希望可以帮助大家想得更得心应手，画得更轻松自如。

1. 分类技术

（1）为什么要分类

东西要是不经过分类，看起来就会很混乱；讲话内容要是不经过分类，听起来就没有逻辑；问题和困难要是不经过分类，就不容易找到解决方案。

所以，分类是一个特别重要的操作。

（2）分类的依据

我们在分类的时候，最常用的两大分类原则，分别是"按事物本身的性质"和"按某种需求或者要解决的问题"。

▼ 按事物本身的性质分类，例如：

苹果、汽车、香蕉、电风扇、铅笔、剪刀、自行车、葡萄、橡皮。

试一试用这样的方法把下面的物品分类：

小狗、大树、老虎、玫瑰花、钢琴、兔子、桌子、柜子、小草、小提琴。

▼ 按某种需求或者要解决的问题分类，例如：

妈妈让你帮忙去超市买10样东西，它们分别是酱油、白糖、黄瓜、胡萝卜、鸡翅、毛巾和妹妹用的围嘴、奶瓶、奶粉、纸尿裤。现在请你列个购物清单，这时就需要按照超市的货架摆放来分类。

购物清单

生鲜 —— 鸡翅

生活用品 —— 毛巾

调料 —— 酱油、白糖

蔬菜 —— 黄瓜、胡萝卜

婴儿用品 —— 纸尿裤、奶瓶、奶粉、围嘴

想一想，平时你还有什么时候有分类的需求？都需要对哪些物品进行分类呢？多多练习吧！

（3）分类的注意事项

在分类时，我们基本上都会本能地思考：这个事物可以大致分为几类。比如，人可以怎么分类？按性别分为男性、女性；按职业分为教师、医生、律师等；按年龄分为婴幼儿、少儿、青少年、青年、中年、老年等。

同样是"人的分类"这一个话题，我们就可以有好多种分类方法，从分类逻辑上来说，都是对的，那到底该怎么分呢？还是要回归到你的目的上，即你想通过分类解决什么问题。

再继续看关于人的分类，如果我说人可以分为3类：男性、女性、小孩，你觉得这个分法对吗？

我相信有些人的本能反应是：对呀！这样分类很清楚啊！

而有些人却会觉得，这样的分法怎么怪怪的？那么一个小男孩到底是属于男性还是小孩呢？好像都有道理啊。

所以，这样的分法就是"分重了"。每一次分类最好只引入一个标准，比如按性别或按年龄。

别担心，其实思考是一门技术。

（4）BOIs 阶层化思考技术

在分类时，有一个很重要的技术，就是阶层化思考技术（Basic Ordering Ideas, BOIs）。这是一种系统思考法。注意到里面有个词"Ordering"了吗？你可以把这种思考简单理解成是按顺序或者按层次思考，再简单一点说就是按大类、中类、小类来分层思考。这每一层又可以称为一个"位阶"，基本处理原则是：越上位阶越重要，尽量同位阶同逻辑。

比如：我们要和朋友一起去野外开"烧烤派对"，在准备食材时，我们想到要带蔬菜和肉类，那么食材部分的分类可能是下图这样的。

对于"鸡翅"来说，"鸡肉"是它的上位阶，"翅中"是它的下位阶，"鸡腿"是它的同位阶。

这时候"鸡肉"就比"鸡翅"更重要。因为"鸡翅"没有了，可能还有"鸡腿"，但如果"鸡肉"这一项忘记准备了的话，可能不吃牛、羊肉的人就没肉可吃了。这就是"越上位阶越重要"的意思。

"同位阶同逻辑"的意思是：牛肉、羊肉、鸡肉是同逻辑，鸡腿和鸡翅也是，但牛肉、羊肉、鸡腿就不是同逻辑了。

平时我们在将一些物品归为一类时，要给这一类找一个统称，这就叫作提炼上位阶。

比如，我们在想这次去旅行要带什么衣服，脑子里直接出现的是"T恤"，这个时候我们就可以给它提炼一个上位阶——上衣。有了这个"上衣"，我们的大脑就会想到还需要带"裤子"，这样想得就会越来越周全。

合理提炼上位阶的好处就是，可以帮助我们更加系统地思考，想到更多可能，让思考更加完整。

2. 关键词技术

（1）词性

先考虑名词，再考虑动词，必要时再考虑形容词和副词。一般情况下关键词都是实词，很少用虚词作为关键词。

（2）语法

一般是主语、谓语、宾语被选择作为关键词，有一个技巧就是，人、事、时、地、物、原因和结果这类词往往是关键词。当然，这也只是一个思考的技巧，具体还要结合实际情况来看。

（3）数量

主要遵循的原则就是：一线一词！也就是一条线上词语的数量尽量以"一个"为原则，必要的时候才在同一线条上使用两个及以上的词语。而且，如果一条线上的文字字数太多时，建议用一个文本框把这些字框起来，这样它们看起来更像一个整体。

在关键词的总数上也要遵守尽量精练的原则。那么，该如何判断是否需要精简关键词呢？很简单，就是去掉了某个关键词并不影响对内容的理解，这样的关键词就可以省略；如果去掉了某个关键词会让人对内容产生误解，那就必须保留。

3. 综合思考技术

（1）发散和收敛

思维导图采用的是一种典型的发散性思维方式，就是从一个点向四周发散，也称为

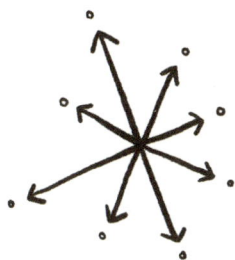
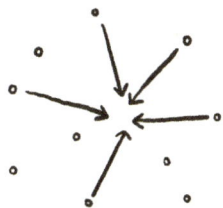

放射性思维方式。但画思维导图帮助思考时，可绝对不是只用到发散思维，而是要结合收敛思维（也称为聚合思维）。

一般是先发散，再收敛。通过发散收集到更多的灵感和思路，然后再收敛，聚焦于解决问题。

（2）水平和垂直

从思考方向来看，我们可以将思考分成"水平思考"和"垂直思考"两大类。

"水平思考"，一般是扩展思考的广度，你可以将它理解成从一个节点往外分出不同的分支，就是我们前面提到过的"联想开花"。

"垂直思考"，一般是探寻思考的深度，你可以将它理解成沿着一个节点不断地往下延展，就是我们前面提到过的"联想接龙"。

（3）逻辑和自由

从思考的内容属性来看，我们可以将思考分成"逻辑联想"和"自由联想"两大类。

"逻辑联想"，是指每一个联想都和上一个联想有明确的逻辑推理关系，比如因果关系、递进关系等。

"自由联想"，是指每一个联想都是随机的，不需要和上一个联想有明确的关系，就是想到什么就是什么，任凭思绪飞扬。

我们平时绘制思维导图的思考，几乎 80% 以上的情况都是逻辑联想，一般只有在寻找创意的时候才会运用到自由联想。

无论是水平思考还是垂直思考，都可能出现逻辑联想和自由联想这两种情况。

二、绘制的技术

1. 中心主题绘制技巧

在前文中我们强调过，中心主题的表现形式尽量要图文结合，就是关于这个主题你能想到什么画面或者图像然后再画出来。但有些同学不太擅长画画，那么下面这几个将文字图像化的小技巧就很适合这样的同学学习了。

- 给文字加阴影
- 给文字描边
- 用图文框将文字框起来
- 按文字意思，做一些简单的视觉设计

文字图像化技巧：
阴影·描边·图文框

思维导图
杰伴成长
热爱学习

坚持100天!

分类
- 为什么 — 更清晰
- 分类依据
  - 性质
  - 问题或需求
- 注意事项
  - 依据目的
  - 唯一标准
- BOIs
  - 阶层化思考
  - 位阶
    - 上位阶 — 重要
    - 同位阶 — 同逻辑

关键词
- 词性
  - 名词为主
  - 动词次之
- 语法
  - 主/谓/宾
  - 人/事/时/地/物/原因/结果
- 数量 — 一线一词

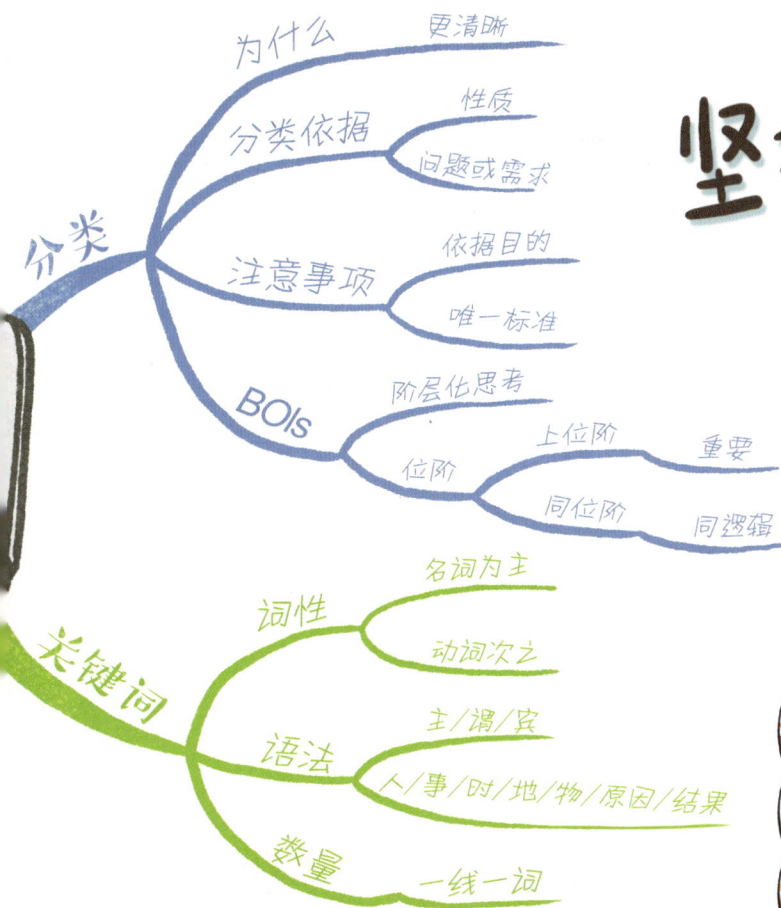

2. 主干绘制创意技巧

最简单的主干绘制方法就是由粗线条过渡到细线条。如果能在主干内部进行一些装饰，不但可以起到吸引眼球的作用，还可以帮助提高内容含义的传递效果。

在这里提供给大家一些简单的主干装饰图案做参考，抛砖引玉，希望你能有更多自己的灵感迸发出来！

3. 线条处理技巧
（1）样式

　　线条要有弧度，生动自然，一般都是往上凸、往下凹的，这样整体看起来会比较美观。而且线与线之间要连接在一起，中间不要有断点。

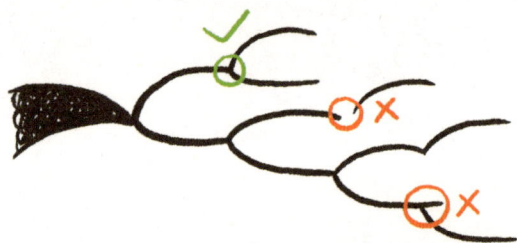

（2）长度

　　线条长短要适中，尽量不要太长，也不要太短。长度基本以线条上面能写下关键词为准，也就是线条长度和关键词长度基本相同或线条略长一点就行。线条太长了不但浪费空间，而且显得图太空；太短了，关键词就写不下了。

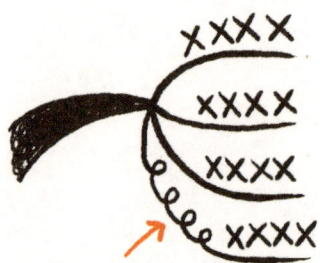

　　如果有些时候感觉空间不够画了，可以用一段"花式延长线"来处理，这样既可解决空间的问题，又不会让某一条线特别长显得不美观。

（3）方向

　　线条尽量和水平方向呈 45 度角，这样在上面写上文字的可读性才强。尽量不要出现直上、直下的线条，虽然这不能完全算错，但这样不利于阅读，美观性也不好。

　　有时，可以通过调整线条的走向，来控制文字的方向和画面的布局。这样一个方向不够写了，就可以调整到另外一个方向上。

4. 文字处理技巧
（1）位置

　　文字始终写在线条的上面，而不是线头上。线条就像大树的树枝，而文字就像小鸟，小鸟要稳稳地落在树枝上。

有的同学在写中心主题右侧的文字时没有出现问题，但转到左侧时就糊涂了，字就跑到线的下面去了，这是不对的。

还有一些同学画图时习惯转纸，这样左边变得字都朝下了，这也是不对的。要始终保持文字是正向的，而且在线条的上面。

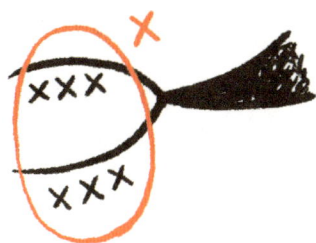

（2）颜色

在手绘思维导图时，文字的颜色一般只有两种选择，要么选择黑色，要么选择和线条一致的颜色。

（3）大小

文字的大小，基本上就是主干上的字比分支上的字稍微大一些、粗一些，这样在视觉上有明显的突出主干和主次分明的效果。

（4）方向

文字的书写方向，要遵循从左到右的原则。无论是在中心主题左侧还是右侧的文字，都要从左到右书写。有的同学在写中心主题右侧的文字时没有问题，等转到左侧时就写反了。

（5）顺序

整体看，要遵循顺时针的原则，第一个主干在右上方，然后以此类推。

从一个节点分出去的几个分支上的文字，如果有先后顺序，比如步骤、流程类，需要在文字前加上序号。

邮电

5. 图的积累

有很多同学，想表达一种意思，但不知道用什么图来表达；想画图，但却不会画！而且大家经常被不会画图这件事严重影响了使用思维导图的动力和兴趣。

为了让画图不再成为大家使用思维导图的障碍，让大家以后在画图时轻松无负担，我们给大家提供一些常用的图，当你有需要时，就可以翻看一下书末思维导图实用图库哟！

6. 关联线的技巧

最常用来表达关联的就是关联线，这里也有一些关于关联线的小技巧分享给大家。

（1）关系

一般我们用箭头来表示两个内容之间的关系，单箭头就是单向关系，双箭头就是相互关系。

（2）强弱

关联也分强关联和弱关联，实线表示强关联，虚线表示弱关联。

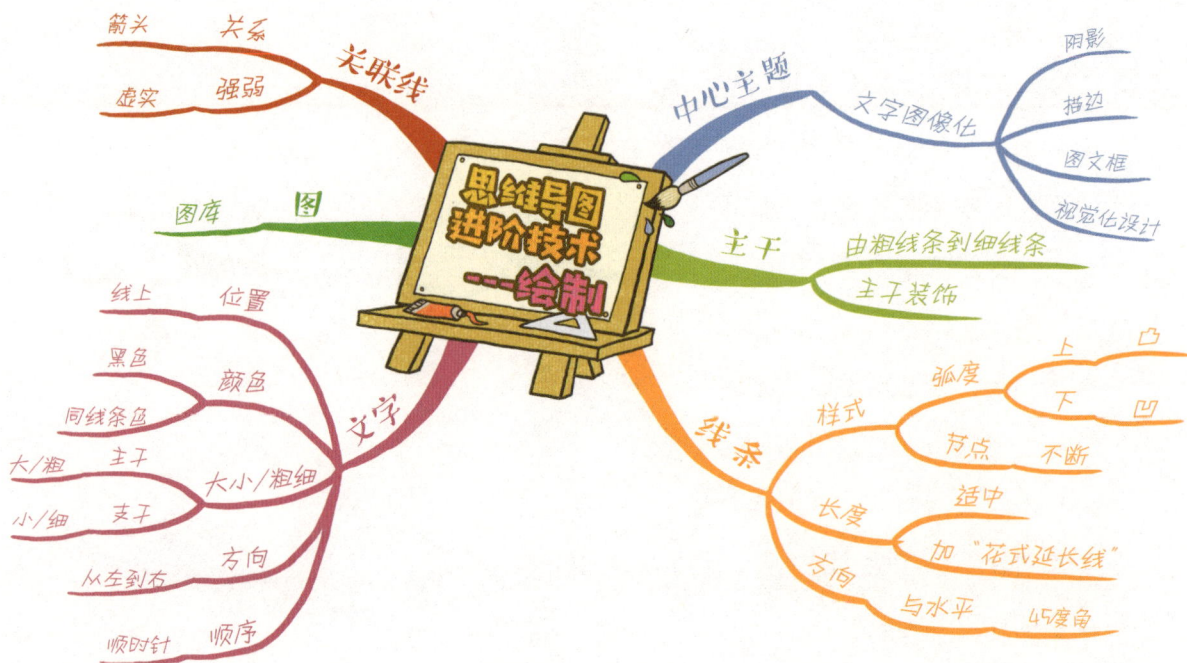

1. 将以下物品分类：

小狗、水仙花、大树、老虎、飞机、小猫、火车、小草、作业本、仙人掌、钢笔、格尺。

2. 在右边的主干内画一些装饰，让它们更有特点、更醒目！

3. 对以下文字进行"文字图像化"的转换，让它们变得更吸引眼球，更容易被记住：

（1）综合复习；

（2）我爱数学；

（3）周计划。

本章知识精华

分类
关键词
综合思考
思考

中心主题
主干
线条
文字
图
关联线
绘制

进阶技

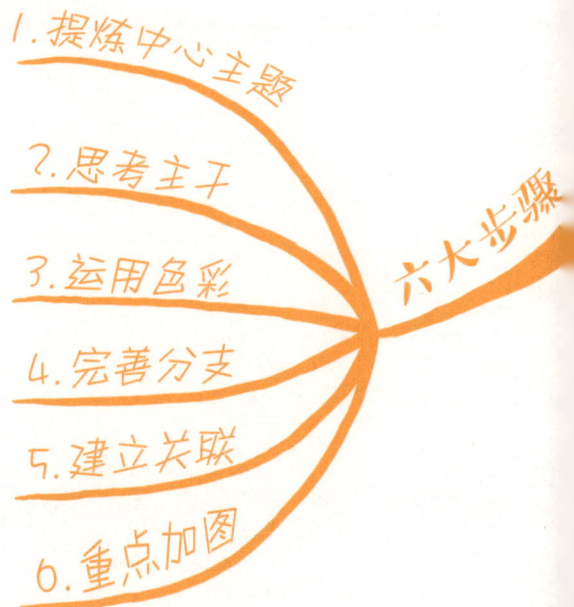

1. 提炼中心主题
2. 思考主干
3. 运用色彩
4. 完善分支
5. 建立关联
6. 重点加图
六大步骤

学会思维导图

7字核心
心
构
线
词
图
色
联

导图四宝
纸
笔
脑
想

学习总结

我的
收获

妈妈的
收获

第三章

思维导图帮你轻松超越"学霸"

重要度：★★★★★

掌握最实用的思维导图学习法，短期使得学习事半功倍，长期培养良好的学习能力。

本章我将与大家交流一些使用思维导图帮助学习的有效方法。掌握了这些方法，不仅可以让你的学习效率和质量明显提高，还可以帮你在学习中找到更多乐趣！让我们一起超越"学霸"，向"学神"迈进吧！

优成 异绩

　　接下来，我将跟大家分享几种最常见、最实用的思维导图笔记法，包括如何整理阅读笔记和听课笔记，如何将分散的知识点分门别类地整理成思维导图，以便更好地记忆和复习。

　　这部分内容非常非常重要，它是前面思维导图基础知识的应用部分，也是后面我们即将针对性讲解思维导图学科应用的基础部分。这是承上启下的一章，希望大家一定花足时间，好好理解和掌握。

笔记对比

线性笔记: ★★　VS　思维导图: ★★★★

阅读笔记
1. XXXX
2. XXXX
3. XXXX
4. XXXX

阅读笔记

1 为什么要用思维导图做笔记

　　做笔记是每个学生都要掌握的重要能力。做笔记可以帮助我们学习和记住知识，在做笔记的过程中，我们会自然而然地对学过的内容进行再次思考，并对内容进行理解和记忆。

　　但大多数同学做的笔记只是机械地条列记录，这样的笔记我们称为"线性笔记"。而且笔记内容几乎全部是文字，颜色也比较单一，看起来比较枯燥，容易给人带来阅读疲倦感。"思维导图笔记"就很好地弥补了这些不足。

　　下面我们将"思维导图笔记"和"线性笔记"做一个具体的对比。

	思维导图笔记	线性笔记
结构	放射性结构，逻辑清晰，便于增加内容	线性，不容易看出结构关系，不便于灵活增加内容
重点	关键词，图像与色彩，重点突出	长句子，重点不突出
吸引力	充分发挥想象力，色彩、图像丰富，趣味性强	色彩单调，文字为主，枯燥

线性笔记的不足

✗ 形式枯燥且浪费时间

✗ 关键词被淹没，重点不突出

✗ 结构不明显

✗ 缺少色彩、图像，不便于理解和记忆

思维导图笔记的优势

✔ **主动思考、启发思维**

　　梳理结构和提取关键词的过程就是主动思考的过程，而不是一味地接收信息。画思维导图的过程，本身也很有益于发散思维，利于提高创造力。大脑越用越灵活，越思考越聪明。

✔ **全脑激发，左右脑并用**

　　当我们画思维导图时，通过梳理结构、提炼关键词等，可以更好地运用我们的左脑；而运用色彩和画各种图像时，又可以更好地运用我们的右脑。思维导图是一个真正可以激发我们"全脑潜能"的思维工具。

✔ 重点突出，节省时间

当我们从茫茫信息海洋中提取出关键词时，重点就一目了然地呈现在我们面前。而且无论是当时记笔记还是未来再复习笔记，相对于线性笔记面面俱到的记录法，都可节省大量时间。

✔ 便于理解、记忆和修改

通过结构化和关键词的梳理，以及色彩和图像的运用，用思维导图记笔记的过程，本身就是在降低理解和记忆的难度。而结构的搭建、一线一词的用法，也非常方便日后的调整和修改。

思考与练习

1. 对比说明"思维导图笔记"和"线性笔记"分别有什么特点。

2. 用你自己的话说一说"思维导图笔记"都有哪些优势。

2 用思维导图做阅读笔记

作为学生，平时会进行大量的课内、课外阅读，整理阅读笔记是一项必备技能。这里我们说的阅读笔记包括文章的阅读笔记和图书的阅读笔记。图书阅读笔记的整理是基于整理文章阅读笔记进行的，所以我们以用思维导图整理文章阅读笔记的方法为例，分 4 个步骤来进行学习。

我们拿下面这篇文章来做说明。

圆明园的毁灭

圆明园的毁灭是祖国文化史上不可估量的损失，也是世界文化史上不可估量的损失！

圆明园在北京西北郊，是一座举世闻名的皇家园林。它由圆明园、万春园和长春园组成，所以也叫圆明三园。此外，还有许多小园，分布在圆明园东、西、南三面，众星拱月般环绕在圆明园周围。

圆明园中，有金碧辉煌的殿堂，也有玲珑剔透的亭台楼阁；有象征着热闹街市的"买卖街"，也有象征着田园风光的山乡村野。园中许多景物都是仿照各地名胜建造的，如，海宁的安澜园，苏州的狮子林，杭州西湖的平湖秋月、雷峰夕照；还有很多景物是根据古代诗人的诗情画意建造的，如，蓬莱瑶台，武陵春色。园中不仅有民族建筑，还有西洋景观。漫步园内，有如漫游在天南海北，饱览着中外风景名胜；流连其间，仿佛置身在幻想的境界里。

圆明园不但建筑宏伟，还收藏着最珍贵的历史文物。上自先秦时代的青铜礼器，下至唐、宋、元、明、清历代的名人书画和各种奇珍异宝。所以，它又是当时世界上最大的博物馆、艺术馆。

1860 年 10 月 6 日，英法联军侵入北京，闯进圆明园。他们把园内凡是能拿走的东西，统统掠走；拿不动的，就用大车或牲口搬运；实在运不走的，就任意破坏、毁掉。为了销毁罪证，10 月 18 日和 19 日，三千多名侵略者奉命在园内放火。大火连烧三天，烟云笼罩了整个北京城。我国这一园林艺术的瑰宝、建筑艺术的精华，就这样化成了一片灰烬。

做阅读笔记的 4 个步骤

1. 快速通读全文 ➡ 2. 划分意义段 ➡ 3. 划重点 ➡ 4. 画导图

第一步：快速通读全文，确定中心主题

用思维导图做文章阅读笔记之前，要先快速地浏览一遍文章的内容，大概了解一下这篇文章是讲什么的，头脑中对这篇文章要有一个整体印象。

圆明园的毁灭

这时，就可以确定中心主题了，可以用图文结合的形式来进行。

第二步：划分意义段，确定主干

思考一下文章主要讲了哪几方面的内容，每个方面可以划为一个意义段，每一个意义段都对应思维导图中的一个主干。

比如，这篇文章就讲述了4个方面的内容：圆明园的简介、景观、文物和毁灭。

第三步：划重点，找出关键词

在划分好的段落中找出重点词，这些词就可以用作思维导图中的关键词。

圆明园的毁灭

圆明园的毁灭是祖国文化史上不可估量的损失，也是世界文化史上不可估量的损失！

圆明园在北京西北郊，是一座举世闻名的皇家园林。它由圆明园、万春园和长春园组成，所以也叫圆明三园。此外，还有许多小园，分布在圆明园东、西、南三面，众星拱月般环绕在圆明园周围。

圆明园中，有金碧辉煌的殿堂，也有玲珑剔透的亭台楼阁；有象征着热闹街市的"买卖街"，也有象征着田园风光的山乡村野。园中许多景物都是仿照各地名胜建造的，如，海宁的安澜园，苏州的狮子林，杭州西湖的平湖秋月、雷峰夕照；还有很多景物是根据古代诗人的诗情画意建造的，如，蓬莱瑶台，武陵春色。园中不仅有民族建筑，还有西洋景观。漫步园内，有如漫游在天南海北，饱览着中外风景名胜；流连其间，仿佛置身在幻想的境界里。

圆明园不但建筑宏伟，还收藏着最珍贵的历史文物。上自先秦时代的青铜礼器，下至唐、宋、元、明、清历代的名人书画和各种奇珍异宝。所以，它又是当时世界上最大的博物馆、艺术馆。

　　1860年10月6日，英法联军侵入北京，闯进圆明园。他们把园内凡是能拿走的东西，统统掠走；拿不动的，就用大车或牲口搬运；实在运不走的，就任意破坏、毁掉。为了销毁罪证，10月18日和19日，三千多名侵略者奉命在园内放火。大火连烧三天，烟云笼罩了整个北京城。我国这一园林艺术的瑰宝、建筑艺术的精华，就这样化成了一片灰烬。

第四步：画导图，完成阅读笔记

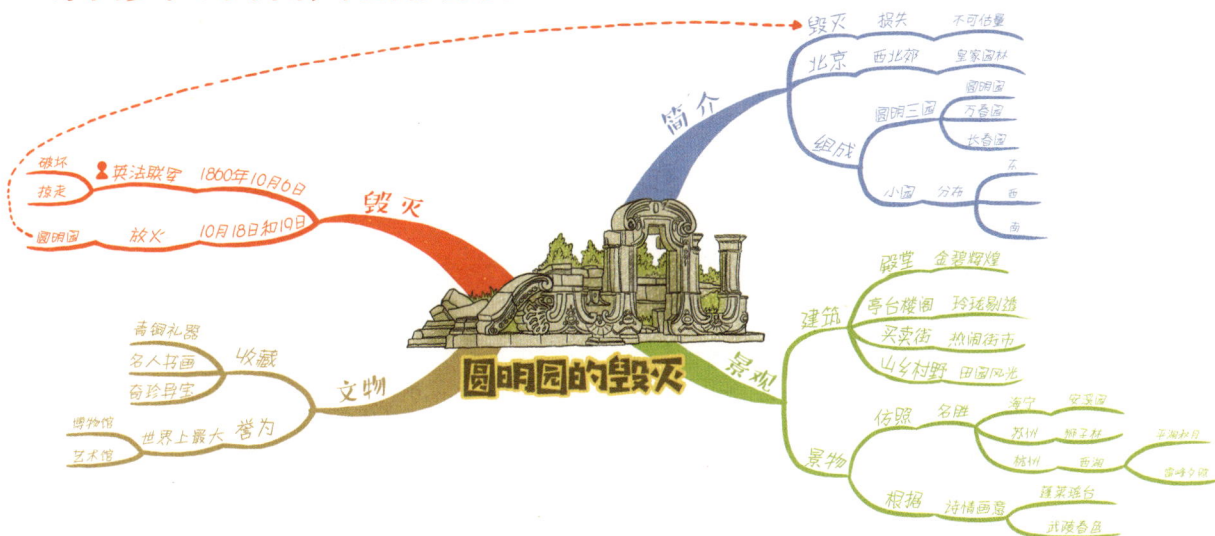

　　画好思维导图后，可以先整体看一下内容之间的关联是否正确。然后在重要内容对应的部分画上相关的图像，帮助理解和记忆。

思考与练习

　　1. 复述一下用思维导图做"阅读笔记"的步骤，以及每个步骤下的注意事项。

　　2. 找一篇文章（可以是课本上的，也可以是课外书上的），尝试自己用思维导图笔记法做一篇阅读笔记。

3 用思维导图做知识整理

做知识整理就是对学过的知识进行梳理，以达到帮助记忆的目的。就像家里的物品一样，经过分类收纳后，不仅看起来整洁，取用也很方便。知识整理也是在大脑中将学习过的知识进行"分类收纳"，方便随时提取使用。

在做知识整理时，不同学科的整理方法是存在一定共性的。那就是都需要找到知识的分类规律，然后把需要记忆的重点提取出来，再看一看知识与知识之间具有怎样的关联。

头脑中时刻要记住这 3 个要素：会分类、抓重点、找关联。

做知识整理的 4 个步骤

1. 确定主题 ➔ 2. 确定主干 ➔ 3. 整理知识 ➔ 4. 探寻关联及强调重点

第一步：确定要整理的知识主题

翻阅教材，看一下近期学过的知识都有哪些，思考决定做一个关于什么内容的知识整理，将这个主题作为中心主题画好。

第二步：根据不同的知识内容思考如何分类，确定主干

思考一下，这些知识有什么规律，看一下如何分类更便于理解内容，从而确定主干。

注意：不同学科及不同知识的分类有着不同规律，这个可以参考课本上和老师上课时讲课的思路。

第三步：将知识按照结构，一线一词地整理出来

将知识按结构化和一线一词的要求，逐一整理出来，在这里要特别注意知识内部的逻辑结构。只有对知识正确理解，才能画出正确的逻辑结构，反过来，如果逻辑结构画得不对，很可能你对知识本身的理解就是有问题的，这一点要特别注意。

第四步：探寻知识之间的关联，并强调重点

整体看一下，各部分内容间有没有需要关联的地方。

这一步很重要，通过对关联关系的寻找，可以对知识有更进一步的理解。

老师经常提醒我们，学习知识要做到举一反三、触类旁通，怎样才能做到呢？只有我们彻底理解了所有知识的来龙去脉，搞清楚了知识和知识之间的联系，未来才有可能做到举一反三。

对于这部分知识中想要特别强调和提醒的重点，可以适当加图突出一下。

注意，加的图要对理解和记忆这个知识点有帮助。等下次复习时，看到这个知识点也会多关注一下。

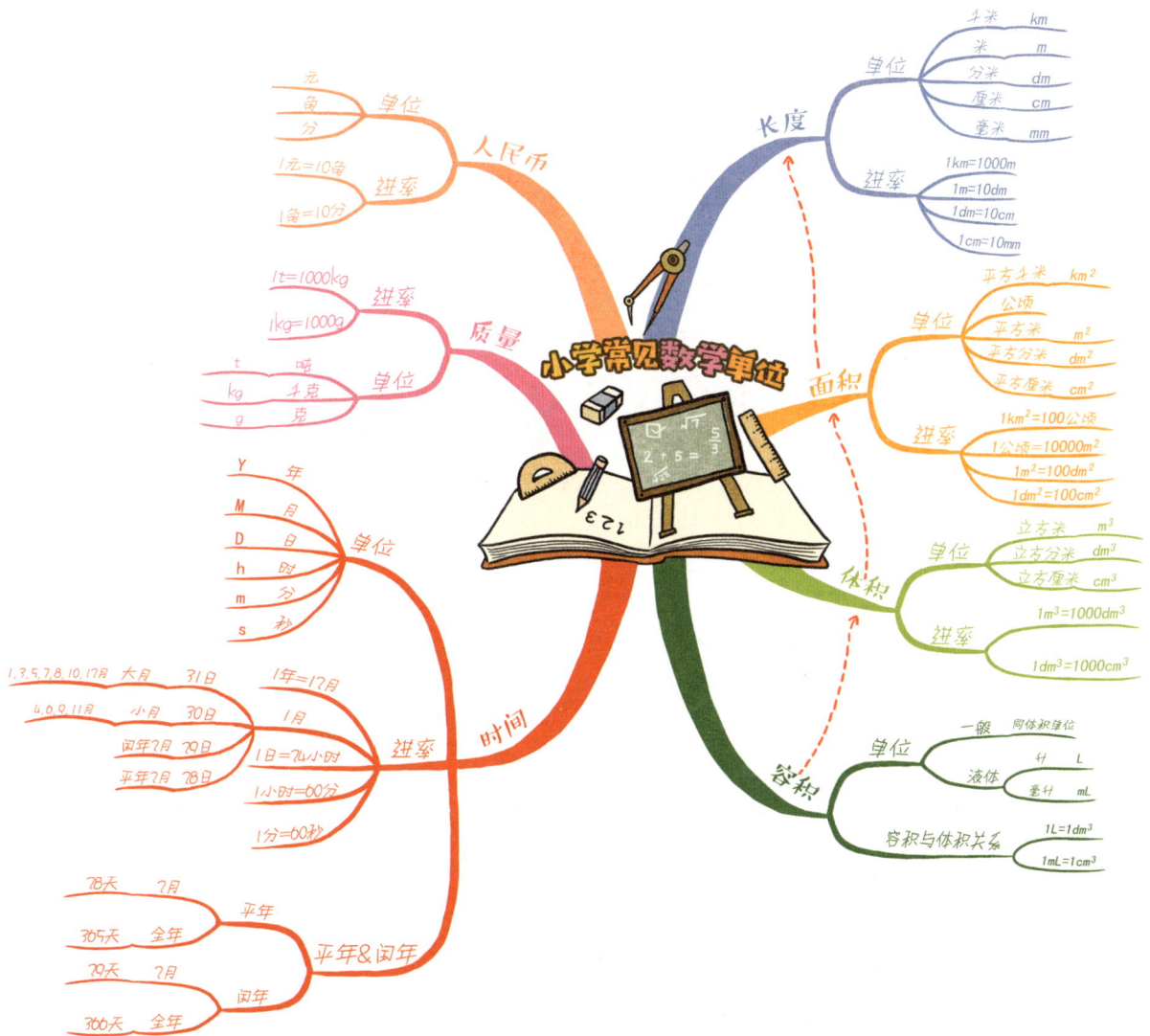

知识整理类的笔记，是我们平时经常会用到的，我们再来看几个例子。

"我"与珍珠鸟
内容
珍珠鸟
启示
彼此信赖的美好

钓鱼的启示
内容　捕到鲈鱼却放生
启示　抵御诱惑
道德抉择

生活的启示

花生收获节
内容
落花生
启示
做有用之人

通往广场的路不止一条
内容　成为设计师的路上困难多
启示　成功不止一条路

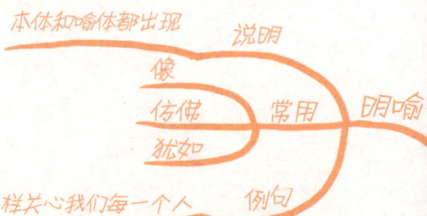

本体和喻体都出现　说明
像
仿佛　常用　明喻
犹如
老师就像妈妈一样关心我们每一个人　例句

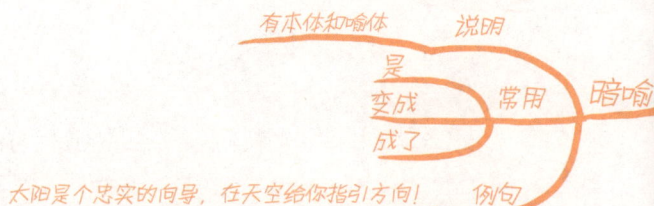

有本体和喻体　说明
是
变成　常用　暗喻
成了
太阳是个忠实的向导，在天空给你指引方向！　例句

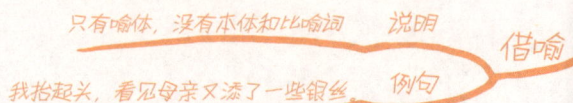

只有喻体，没有本体和比喻词　说明　借喻
我抬起头，看见母亲又添了一些银丝　例句

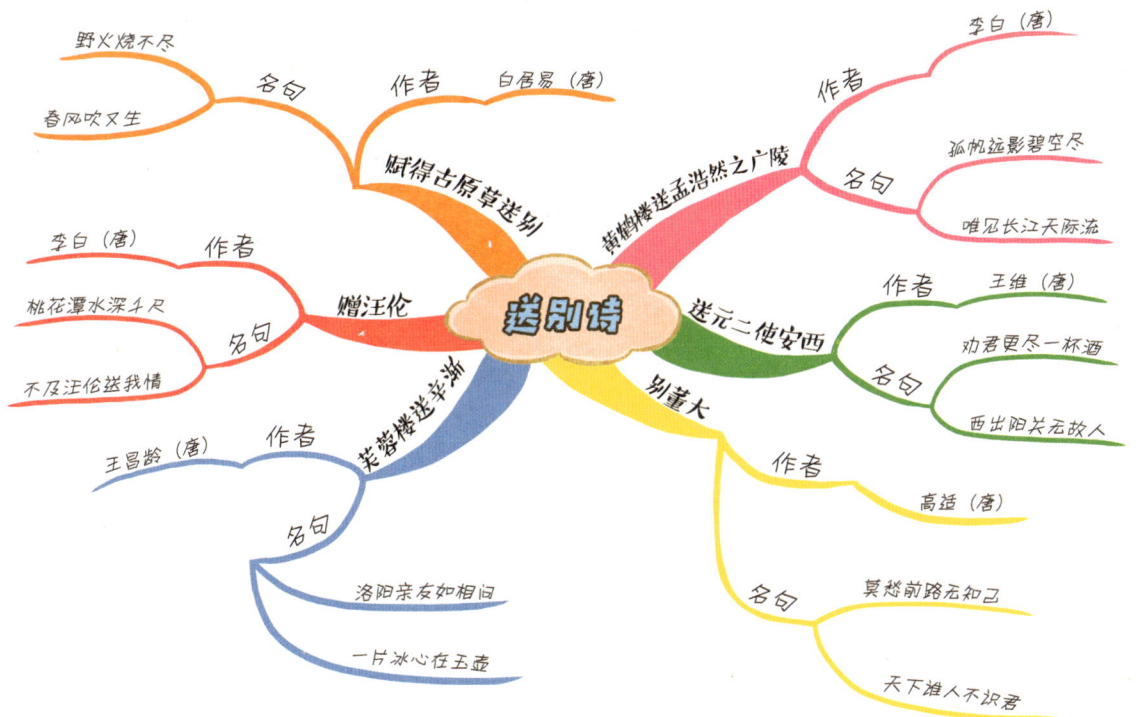

野火烧不尽
春风吹又生
名句
作者
白居易（唐）

赋得古原草送别

黄鹤楼送孟浩然之广陵
作者
李白（唐）
名句
孤帆远影碧空尽
唯见长江天际流

李白（唐）
作者
桃花潭水深千尺
名句
不及汪伦送我情
赠汪伦

送别诗

送元二使安西
作者
王维（唐）
名句
劝君更尽一杯酒
西出阳关无故人

别董大

芙蓉楼送辛渐
作者
王昌龄（唐）
名句
洛阳亲友如相问
一片冰心在玉壶

作者
高适（唐）
名句
莫愁前路无知己
天下谁人不识君

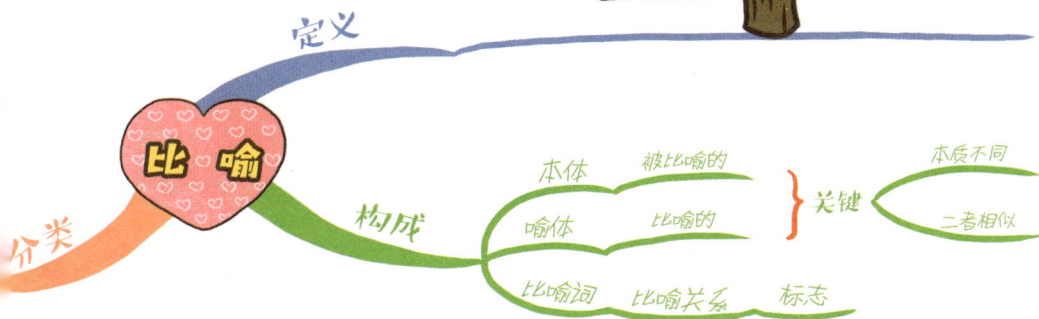

利用两种不同性质事物的相似点，借一事物来描写另一事物。

定义

比喻

分类

构成

本体　被比喻的
喻体　比喻的
关键
本质不同
二者相似

比喻词　比喻关系　标志

童话 (center)

巨人的花园
- 作者：王尔德
- 内容：孩子们给巨人的花园带来春天
- 启示：
  - 快乐要分享
  - 有爱才有春天

幸福是什么
- 作者：埃林·彼林
- 内容：3个孩子追寻幸福的故事
- 启示：
  - 要靠自己的辛勤劳动
  - 做对别人有益的事情

小木偶的故事
- 作者：吕丽娜
- 内容：小木偶因"笑"引出的故事
- 启示：
  - 笑很重要
  - 只会笑远远不够

去年的树
- 作者：新美南吉
- 内容：鸟儿寻找去年的树
- 启示：
  - 信守诺言
  - 珍惜友情

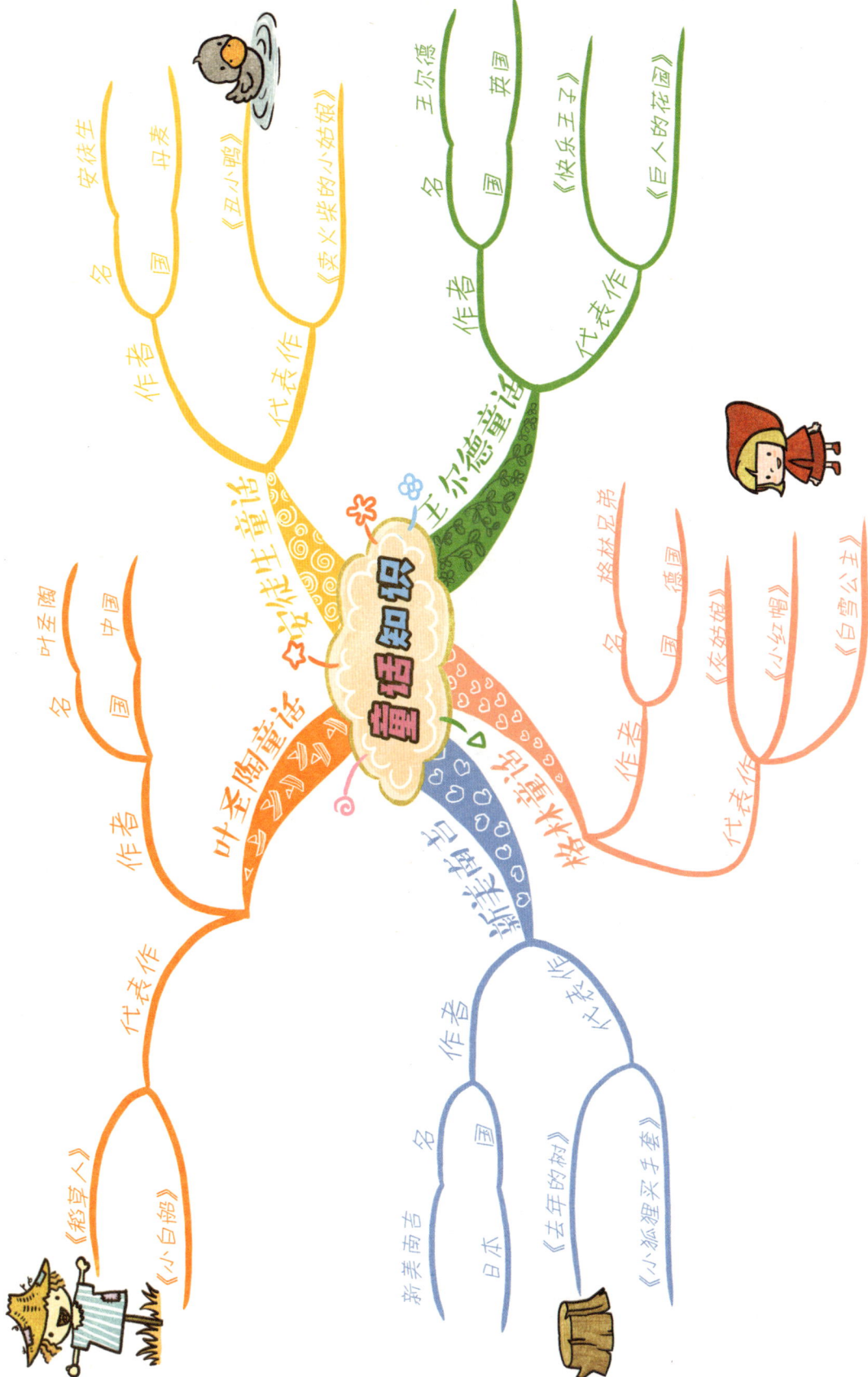

童话知识

安徒生童话
- 作者
  - 名 安徒生
  - 国 丹麦
- 代表作
  - 《丑小鸭》
  - 《卖火柴的小姑娘》

王尔德童话
- 作者
  - 名 王尔德
  - 国 英国
- 代表作
  - 《快乐王子》
  - 《巨人的花园》

叶圣陶童话
- 作者
  - 名 叶圣陶
  - 国 中国
- 代表作
  - 《稻草人》
  - 《小白船》

格林童话
- 作者
  - 名 格林兄弟
  - 国 德国
- 代表作
  - 《灰姑娘》
  - 《小红帽》
  - 《白雪公主》

新美南吉童话
- 作者
  - 名 新美南吉
  - 国 日本
- 代表作
  - 《去年的树》
  - 《小狐狸买手套》

春天诗词

忆江南
　作者　白居易（唐）
　名句
　　日出江花红胜火
　　春来江水绿如蓝

乡村四月
　作者　翁卷（宋）
　名句
　　绿遍山原白满川
　　子规声里雨如烟

春夜喜雨
　作者　杜甫（唐）
　名句
　　好雨知时节，当春乃发生
　　随风潜入夜，润物细无声

早春呈水部张十八员外
　作者　韩愈（唐）
　名句
　　天街小雨润如酥
　　草色遥看近却无

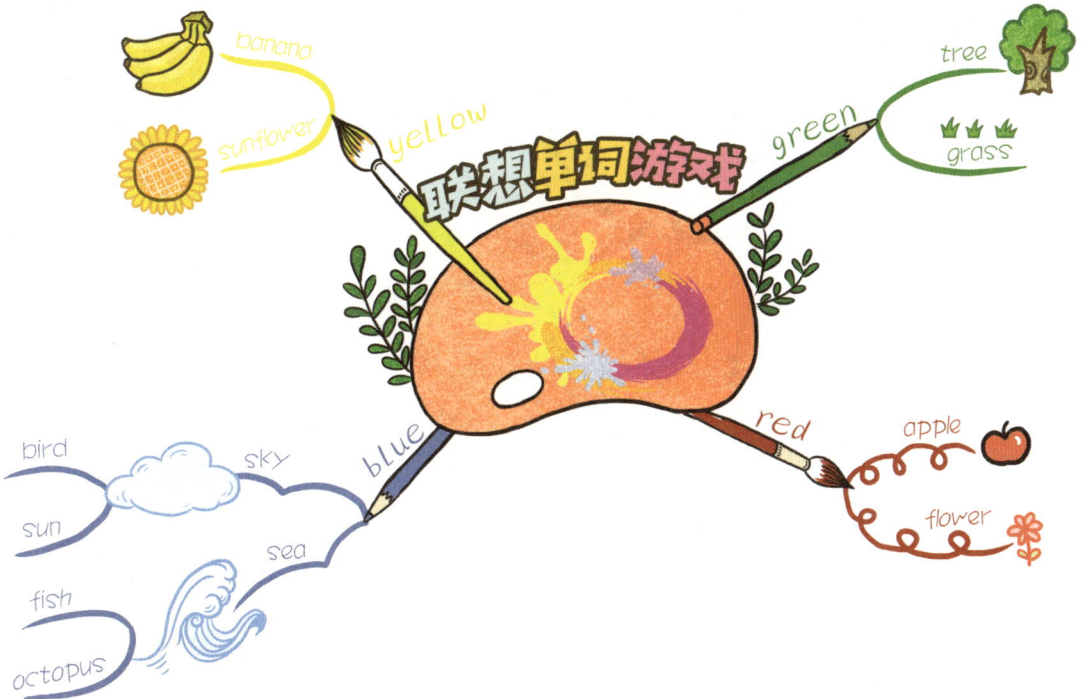

新课标句的结构

助动词
- **do** — Do you often play sports? — Yes, I do. / No, I don't.
- **does** — Does he often read books? — Yes, he does. / No, he doesn't.

情态动词
- **can** — Can you speak English? — Yes, I can. / No, I can't.
  ABC

Be动词
- **is** — Is it Monday? — Yes, it is. / No, it isn't.
- **am** — Are you a teacher? — Yes, I am. / No, I am not.
- **are** — Are they books? — Yes, they are. / No, they aren't.
- Are you going to school? — Yes, I am. / No, I am not.

肯定式
动词原形+其他　Look after yourself well, please.

否定式
don't+动词原形+其他　Don't look out of the window in class.

以Let开头的
Let+人称代词宾格+动词原形+其他　Let's have a rest. / Let them not play in the street.

不含动词的
一个词或一个短语　Silence! / No swimming! / No proud!

加强语气的
do+动词原形+其他　Do talk about this. / Do be quick!

情景交际常用语

问候
- Good morning. 早上好.
- Good afternoon. 下午好.
- Good evening. 晚上好.
- Hi/Hello. 你好.
- How do you do? 你(您)好.
- Nice to meet you. 见到你很高兴.
- How are you? 你好吗?
- I'm fine./Very well. Thanks! 我很好, 谢谢!
- Not bad. Thank you! 还不错, 谢谢!

告别
- Good night. 晚安.
- Bye!/Goodbye! 再见!
- See you! 再见!
- See you this afternoon. 今天下午见.
- See you soon. 一会儿见.
- See you later. 回头见.

祝福
- Happy Teacher's Day! 教师节快乐!
- Happy New Year! 新年快乐!
- Happy Children's Day! 儿童节快乐!
- Happy birthday! 生日快乐!
- Merry Christmas! 圣诞快乐!
- Have a good/great time. (祝你) 玩得开心.
- The same to you! 你也一样!
- Enjoy yourself (祝你) 玩得尽兴!
- Good luck (to you)! (祝你) 好运!
- Wish you success. 祝你成功.

名词复数规则变化

一般情况
- girl–girls
- book–books
- s 加

以 -s, -sh, -x, -ch 结尾
- bus–buses
- watch–watches
- es 加

以辅音字母加 -y 结尾
- family–families
- 变 y 为 i, 再加 -es

以 -o 结尾
- s 加
  - radio–radios
  - zoo–zoos
- es 加
  - photo–photos
  - tomato–tomatoes
  - potato–potatoes

以 -f 或 -fe 结尾
- 变 f 或 fe, 再加 -es
  - wolf–wolves
  - knife–knives

081

小数

概念

意义
- 不能：正好 整数
- 性质：
  - 添 "0"
  - 去 "0"
  }末尾

组成及读写

- 组成
  - 整数部分
  - 小数点
  - 小数部分
- 读写
  - 读：
    - 整数：按整数读
    - 小数点：点
    - 小数：依次读出每个数字
  - 写：
    - 先写：整数部分
    - 再写：小数点
    - 最后：小数部分
      - 个位右下角

比大小
- 整数大：整数比
- 整数同：十分位大——比小数
  - 十分位同——再比
  }以此类推

小数点移动
- 向右：每移1位 扩大10倍
- 向左：每移1位 缩小到1/10

分类
- 按整数部分分：
  - 纯小数：整数部分为零
  - 带小数（混小数）：整数部分不为零
- 按小数部分分：
  - 无限小数
  - 有限小数

多边形的面积

平行四边形
$S=ah$

（D, C, A, B, a, h 标注的平行四边形）

三角形
$S=ah÷2$

（A, B, C, a, h 标注的三角形）

长方形
$S=长×宽$

（A, B, C, D, 长, 宽 标注的长方形）

梯形
$S=\dfrac{(a+b)h}{2}$

上底 (a)
下底 (b)
高 (h)
（A, B, C, D 标注的梯形）

组合图形
- 简单图形的组合
  - 剪切
  - 加
- 不规则图形
  - 学过的图形
  - 估算

剪切、平移
转化

加法 **+**　$a+b+c=(a+b)+c=a+(b+c)$

乘法 **×**　$(a×b)×c=a×(b×c)$

结合律

$c×(a+b)=(c×a)+(c×b)$
$(a+b)×c=(a×c)+(b×c)$
$a×(b+c)=a×b+a×c$

左分配律
右分配律
乘法分配律

分配律

$1+2×3$

加法 **+**　$a+b=b+a$

乘法 **×**　$a×b=b×a$

交换律

2个$\dfrac{1}{3}$

除法表示

$2÷3=\dfrac{2}{3}$

分数表示

$\dfrac{2}{3}$

分数

线段法

蓝线是3份
橙线是2份

1. 复述一下用思维导图做"知识整理"的步骤，及每个步骤下需要注意的事项。

2. 从语文、英语、数学3个学科中分别选出一部分知识，用思维导图做知识整理，并用整理后的笔记进行复习，说一说感受如何。

用思维导图
做听课笔记

4 用思维导图做听课笔记

学完了用思维导图来做"阅读笔记"和"知识整理",下面来看一看一边听讲一边同步做记录的"听课笔记"怎么做。

与前面讲过的阅读笔记和知识整理笔记相比,听课笔记相对更有难度。听课笔记一般不是一次完成,至少要分成"当堂记录"和"课后整理"两个部分。

做听课笔记的 4 个步骤

1. 确定中心主题 → 2. 确定并画好主干 → 3. 边听课边记录 → 4. 课后整理笔记

第一步：将要听课的课程章节名字作为中心主题

如果可能的话，最好在课前预习时就把中心主题画出来。

以课文《落花生》为例，光看文章标题，我们的头脑中就会浮现出一大把花生的情境，因此可以把"花生"作为中心主题的配图。

第二步：根据课程不同，确定主干

用你习惯的逻辑顺序对文章内容进行分类，这样思维导图中的主干就确定好了。常见的逻辑顺序有以下 3 种。

按照文章写作顺序

种花生

议花生

吃花生

收花生

按照文章写作结构

开端

结局

高潮

发展

按照文章涉及的知识点

基本信息

写作特点

启发或感受

文章内容

第三步：上课时，一边听讲一边记录

把老师讲的重点内容记录在各个主干后面的分支上。

这里以按照文章写作顺序绘制思维导图的笔记为例。

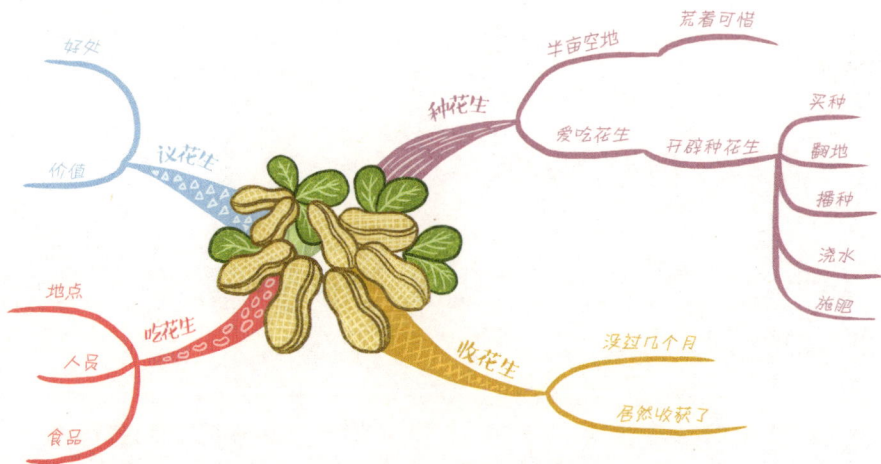

第四步：下课后，对课堂上记录的笔记做整理

课后一定要尽快找时间对笔记进行整理，以免遗漏老师讲到的重点内容。有时需要重新进行逻辑分类，这时也是回顾课堂内容的好机会。

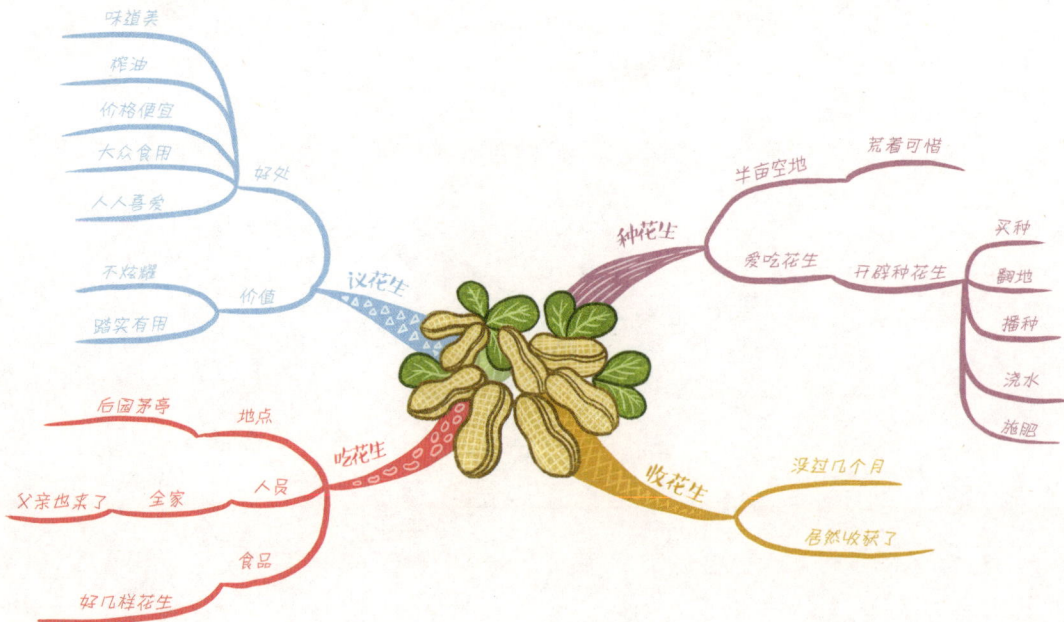

可以在你觉得笔记中比较难或者容易忘的内容旁边加合适的图像帮助记忆。

有时对课堂上记录的笔记进行简单修改就可以了，有时是需要重新再画一遍的。

思考与练习

1. 复述一下用思维导图做"听课笔记"的步骤，以及每个步骤下需要注意的事项。

2. 上课时开始尝试用思维导图做笔记，并坚持每天对笔记进行整理。可能刚开始时你还不太习惯，但慢慢你就会爱上这种方式的。

本章知识精华

1. 确定中心主题
2. 确定主干
3. 边听边记
4. 课后整理

听课笔记

思维导图帮你
轻松超越"学霸"

为什

1. 确定主题
2. 知识分类
3. 整理要点
4. 关联及重点

知识整理

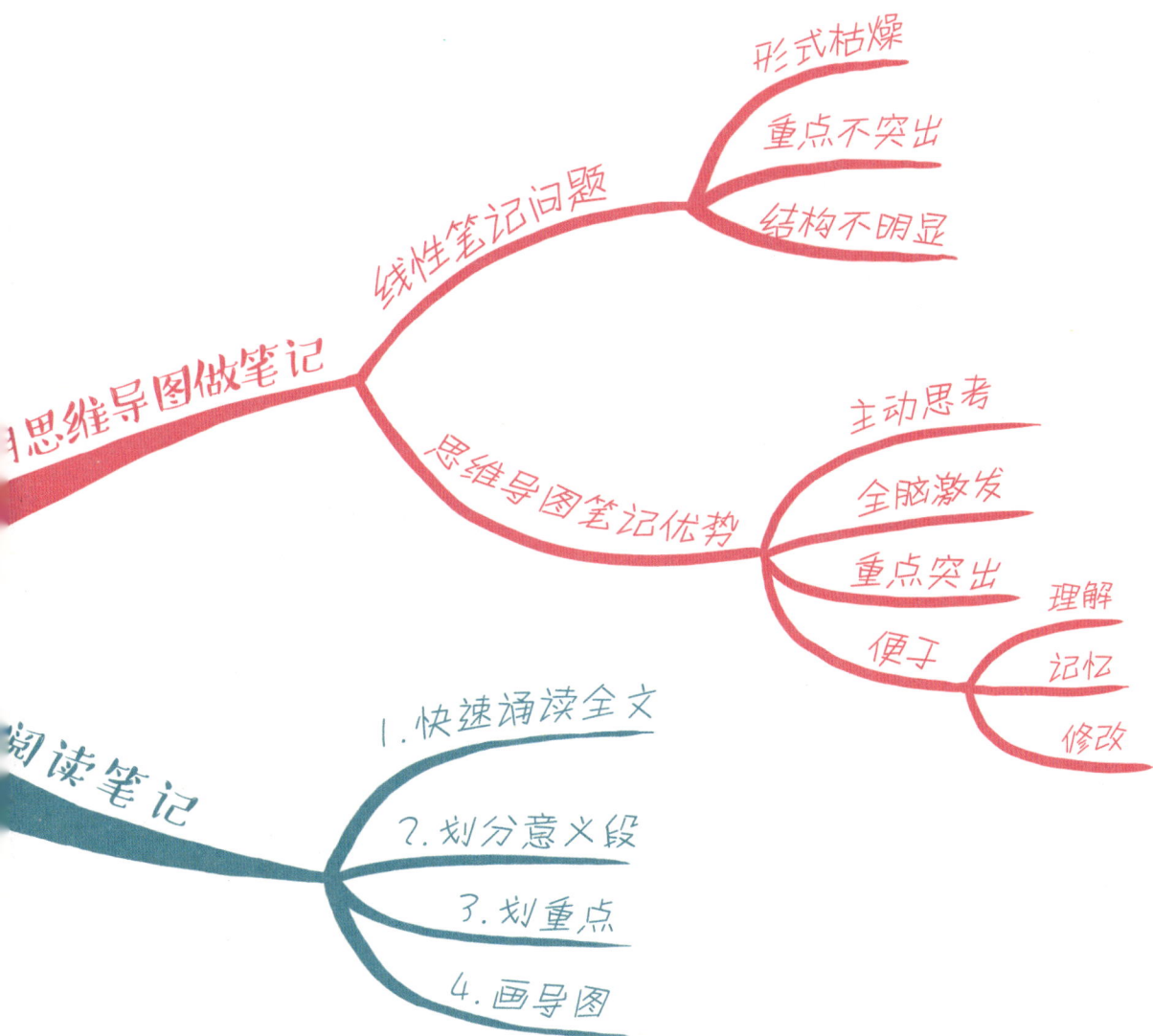

用思维导图做笔记

线性笔记问题
- 形式枯燥
- 重点不突出
- 结构不明显

思维导图笔记优势
- 主动思考
- 全脑激发
- 重点突出
- 便于
  - 理解
  - 记忆
  - 修改

阅读笔记
1. 快速通读全文
2. 划分意义段
3. 划重点
4. 画导图

学习总结

我的收获

妈妈的收获

第四章

思维导图
生活中无处不在

重要度：★★★

剖析小学生日常生活中思维导图应用的典型场景，尽情享受思维整理和思维激发的乐趣！

　　在之前的章节中我们分享了很多思维导图在学习方面的用法。其实除了学习之外，思维导图还可以帮助我们做计划、进行"头脑风暴"、了解课外知识、分析解决问题等。

　　在这一章中，我将带大家一起探索思维导图在生活中的实际应用方法，看看具体应该怎样做，才能让你拥有一个收获满满的快乐假期。我们在书中列举的案例有限，希望各位同学和家长朋友们能够举一反三，在更多领域和场景下尝试使用思维导图来解决问题，毕竟工具是越使用越熟练的，思维是越激发越灵敏的。

1　计划：过一个有准备的假期

　　每个人的时间都是有限的，所以掌握做计划的能力很重要。只有把想做的事情合理地计划好，实际做起来才能有条不紊，才能更好地利用时间，进一步提高效率，一步一步实现目标，从而实现更多的人生梦想。

　　做计划的核心是想清楚自己都要做哪些事情，然后给这些事情合理地安排上具体的时间。通过思维导图的帮助，我们不仅可以轻松做出一个思路清晰的计划安排，还可以随时根据实际情况对它进行调整。

　　下面我们就以"暑假计划"为例来进行学习吧！

用思维导图做计划的步骤

第一步：确认中心主题，这是一份关于什么的计划

比如暑假计划、新学期计划、备考计划、周末计划等。

第二步：分类罗列所有想做和必做的事情

这样做的目的是通过发散思维和结构梳理，让我们尽量把事情都罗列出来，避免遗漏。

先思考整个暑假要做的事情可以分成哪几类？

我脑海中出现的答案是：作业、课外、娱乐、运动、旅游。当然，你可以根据自己的情况增加或者减少分类。

然后再对每一个分类展开，注意结构化思维和一线一词，这样更便于我们打开思考的窗口，想到更多，避免遗漏。按照这样的思路梳理下去，我们就可以把暑假要做的事情都罗列出来了。

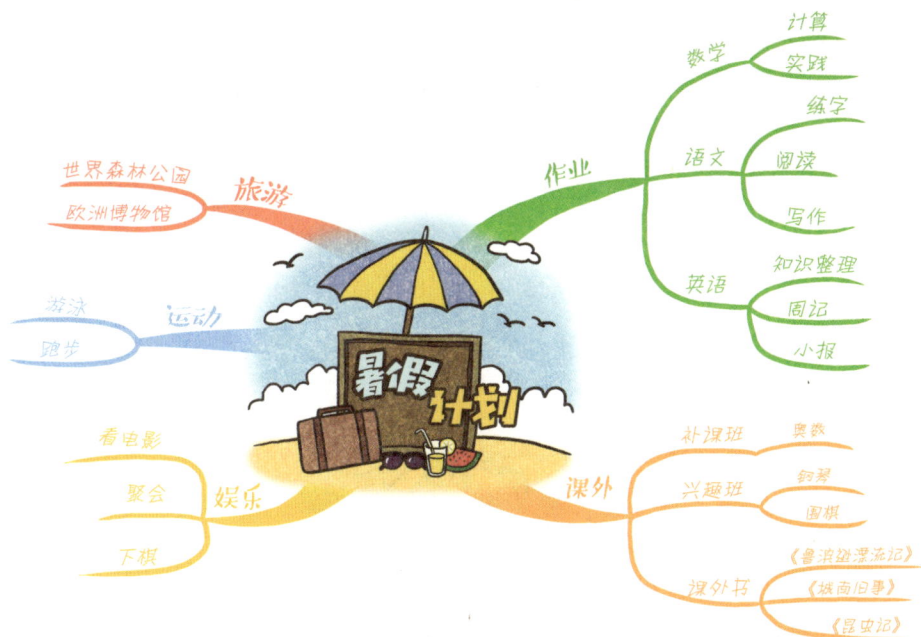

第三步：对这些事情进行重点标注和排序

这样做可以让我们特别清晰地知道，自己的主要精力应该放在哪里。一旦时间冲突了，或者需要二选一时，我们知道该如何决策。

整体看一下，所有罗列出来的事情，根据实际情况标注一下重点，排出优先级。

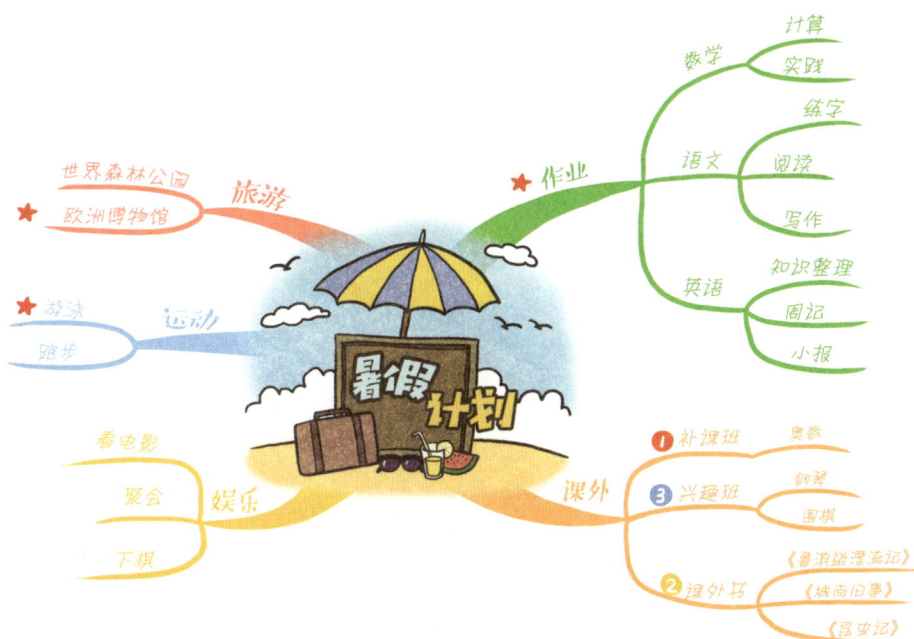

第四步：把能确定的具体时间、频率、任务量等标好

这一步可以把每件事具体的时间或者周期、频率都标注好，让我们更加清楚我们的安排。

第五步：整体盘点一下是否有关联，便于资源整合

这一步是让我们对事情整体盘点一下，看是否有哪些事情有时间或者内容上的关联，可以做到资源上的整合。

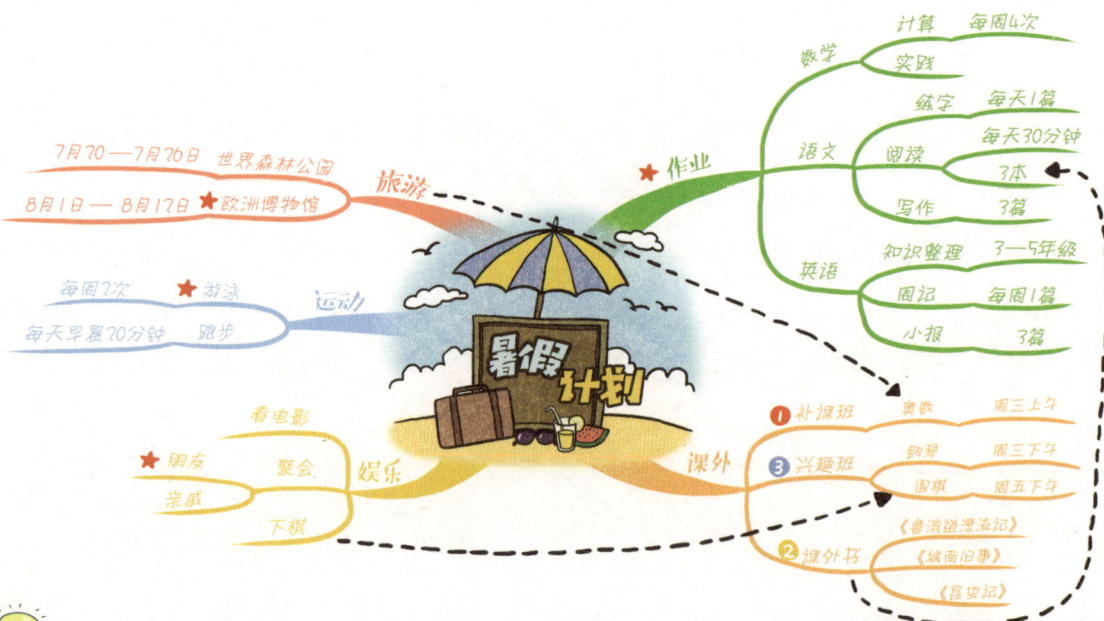

到这里，我们的暑假计划就做出来了，是不是一目了然呢？现在，我们不但很清楚暑假都需要做什么、什么时间做，而且还知道哪些事更重要，有一种"一切尽在掌握"的感觉。

思考与练习

1. 复述用思维导图做计划的方法和步骤。

2. 用思维导图法，为即将到来的"周末"做一个详细的计划吧！请家长和孩子分别做出自己的周末计划，然后彼此分享。

2 策划：这次旅游我来安排

策划是一种非常综合的能力，掌握了这种能力，同学们就可以自己独立设计和安排生活中的活动，比如旅游、生日聚会等。这里有一个对做策划很有帮助的工具，它就是"5W2H策划法"。这个工具让我们从7个角度进行分析，帮助我们先把事情想清楚，再通过一张图把事情画明白。

Why，为什么，指的是我们做一件事的目的，或者是做了这件事可以带来的价值或作用。

What，是什么，指的是我们到底要做一件什么样的事情。这是通过对Why的分析得来的。

When，什么时间，指的是做这件事情的时间，或者和时间相关的概念，比如周期、频率等。

Where，什么地点，指的是与这件事情相关的地点，或者和地点相关的概念，比如场合等。

Who，什么人，指的是与这件事相关的都有哪些人，包括主导的和参与的，以及分工等。

How，怎么做，指的是这件事的具体操作流程或步骤、使用的方法、用到的工具等。

How much，多少钱，指的是做这件事的预算是多少，或者和财务相关的概念等。

当你独立做策划时，你就可以从这 7 个角度进行分析，不断问自己你能够想到的关于每一个角度的各种问题，当你给自己所能想到的问题都找到了解决方案，这个策划就圆满完成了。下面就假设我们要去西安旅行，跟着我一起做一张思维导图吧！

使用"5W2H策划法"做策划的操作步骤

第一步：当我们计划要安排一次旅行前，可以不断问自己"为什么"，仔细思考这次旅行都有什么"目的"或者可以带来什么价值（Why）

通过思考，你可能得到的答案是：旅行可以游玩放松、品尝美食、增进亲子关系、拓展知识……

第二步：想清楚"为什么"之后，就能大致确定自己要"做什么"了，也就是你准备安排一个什么样的旅行 (What)

下面让我们一起来分析一下。

这次旅行有个很重要的目的是增进亲子关系，所以这次要尽量安排一次"全家总动员"，让爸爸妈妈和孩子们一起玩几天。

在旅行中既想学知识又想吃美食，我们一下子就想到了西安，因为西安有悠久的历史和各种美食，所以这个基本目的能实现。

再看，还有个目的是希望放松，那就不能安排太匆忙的行程，所以可以安排 5 天，这样行程不会很紧张。

综合以上分析，我们计划安排一次"暑假西安古都 5 日游"的活动。

得出的这个"What"，就可以将它作为思维导图的"中心主题"了。

第三步：先把"目的"作为第一个主干写在中心主题的右上方（Why）

把"目的"清晰地列在思维导图上，是为了使后续的设计时刻都能围绕着目的展开，这也能培养我们"目标导向"和"以终为始"的思维习惯。

第四步：围绕着这个中心主题，去展开时间、地点、人物、事件和预算（When 、Where、Who、How、How much）

在具体画思维导图的时候，我们可以根据内容的多少，适当将一些内容合并。比如时间、地点这些比较简单的，可以放在一个主干下面。

通过整理，我们可以画出以下这张旅游策划的思维导图。

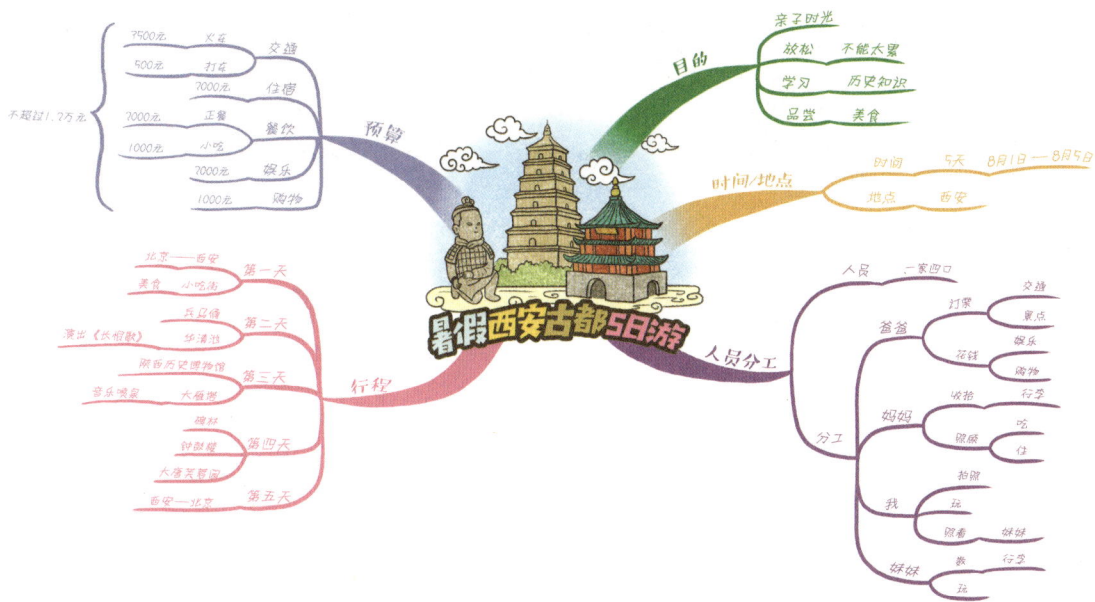

第五步：当思维导图基本画完后，我们可以再整体看一下，这样的行程安排是不是可以满足当初设定的目的

然后可以像放电影一样，把整件事情在大脑中"预演"一遍，这样可以帮助我们把事情安排得更加周全。

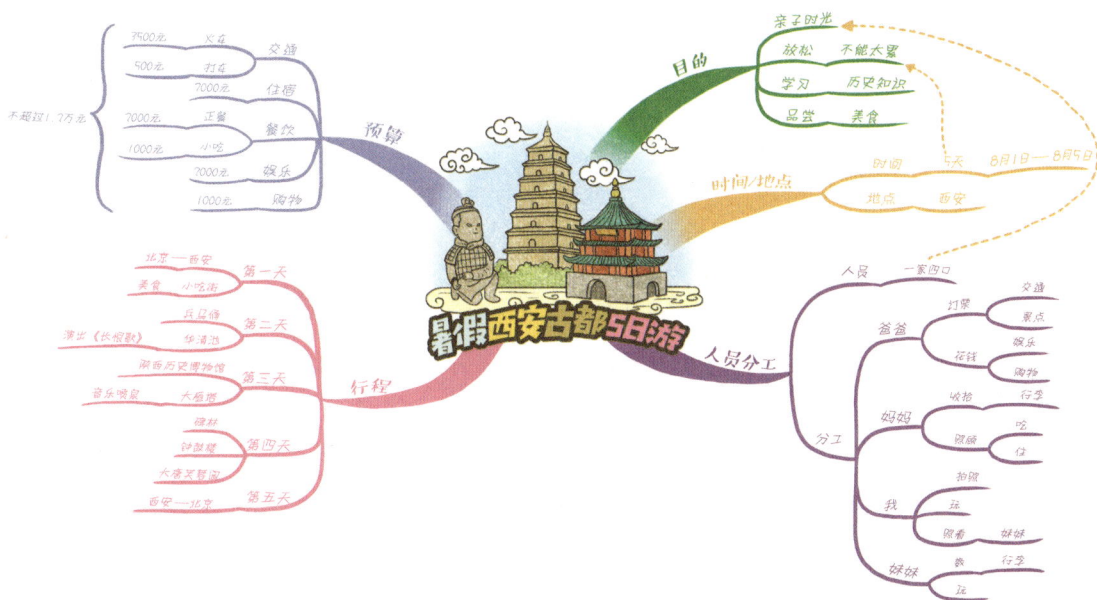

　　1. 复述一下，用思维导图做策划的方法和步骤。

　　2. 用思维导图法，和妈妈商量一下，一起做一个关于"生日聚会"的策划！

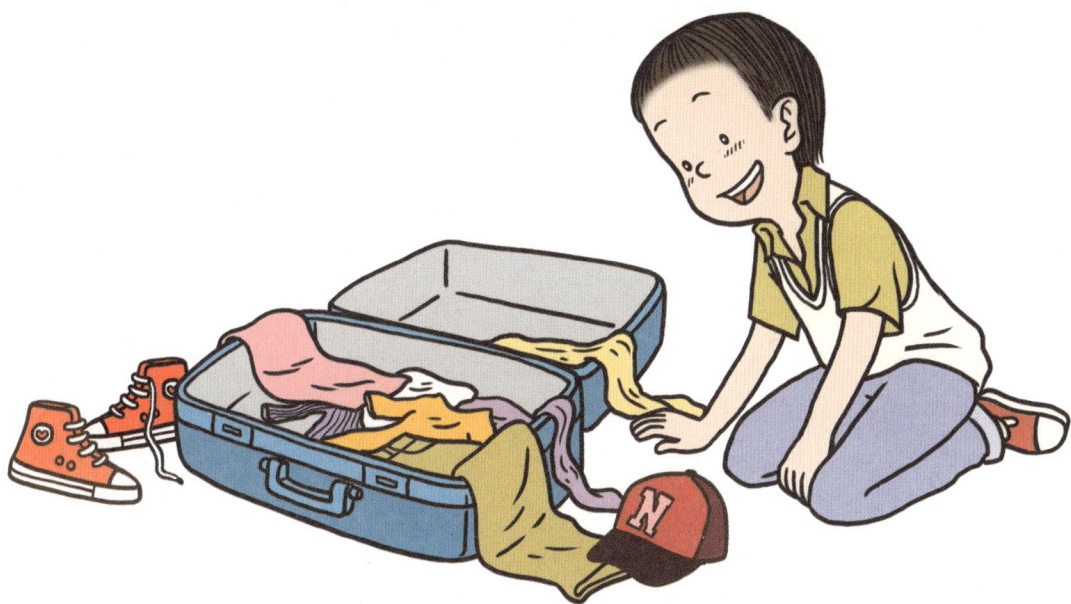

3 清单梳理：整理行李，快乐出发

整理是一种重要技能，每个人都应该掌握。对于学生来说，无论是学习中的知识点，还是生活中的物品、事情，都需要学会怎样对它进行分类整理。

下面，我们就拿旅行前收拾行李箱这件事来练习一下整理。

第一步：把要整理的主题作为中心主题画在纸的中间，尽量图文结合

整理行李箱

以旅行前收拾行李箱这件事为例，你脑海中会出现什么画面呢？比如，我会想到一个旅行箱，或者是我想要去的那个地方。

第二步：从第一个出现在你脑海中的事物开始想

当我们准备收拾行李时，你脑海当中一定会出现一样或者几样要带的物品，比如证件、钱、iPad（平板电脑）、课外书、洗漱用品……要注意的是，目的地也会影响到我们最终装进行李箱中的物品哟！

第三步：把你想到的物品按照一定的逻辑进行分类

证件、钱都属于"重要物品"，iPad 和课外书都属于"娱乐休闲"，"洗漱用品"直接就可以算一类。这时，就可以开始画思维导图了。

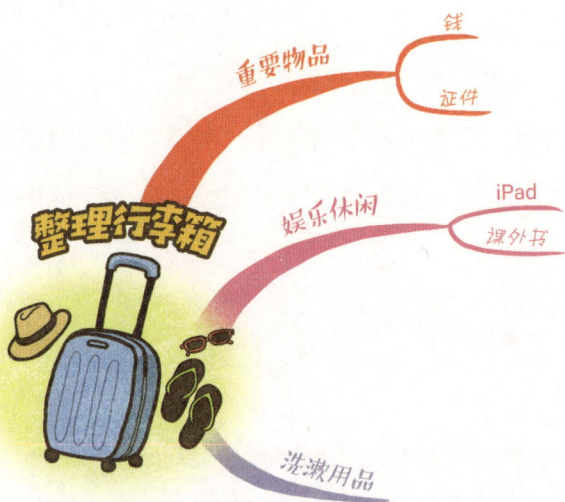

整理行李箱

重要物品 —— 钱、证件

娱乐休闲 —— iPad、课外书

洗漱用品

第四步：完善内容，把能想到的物品都通过清晰的分类进行罗列

当我们画出一些分支后，就很容易打开思考的窗口了。比如，"重要物品"可以再往下分类想一想，想得更具体一些；"洗漱用品"具体都要带什么；除了这几大类，还有没有其他的类别？通过这样的思考，加上我们清晰的逻辑分类，就可以逐渐将内容补充得更加完整。

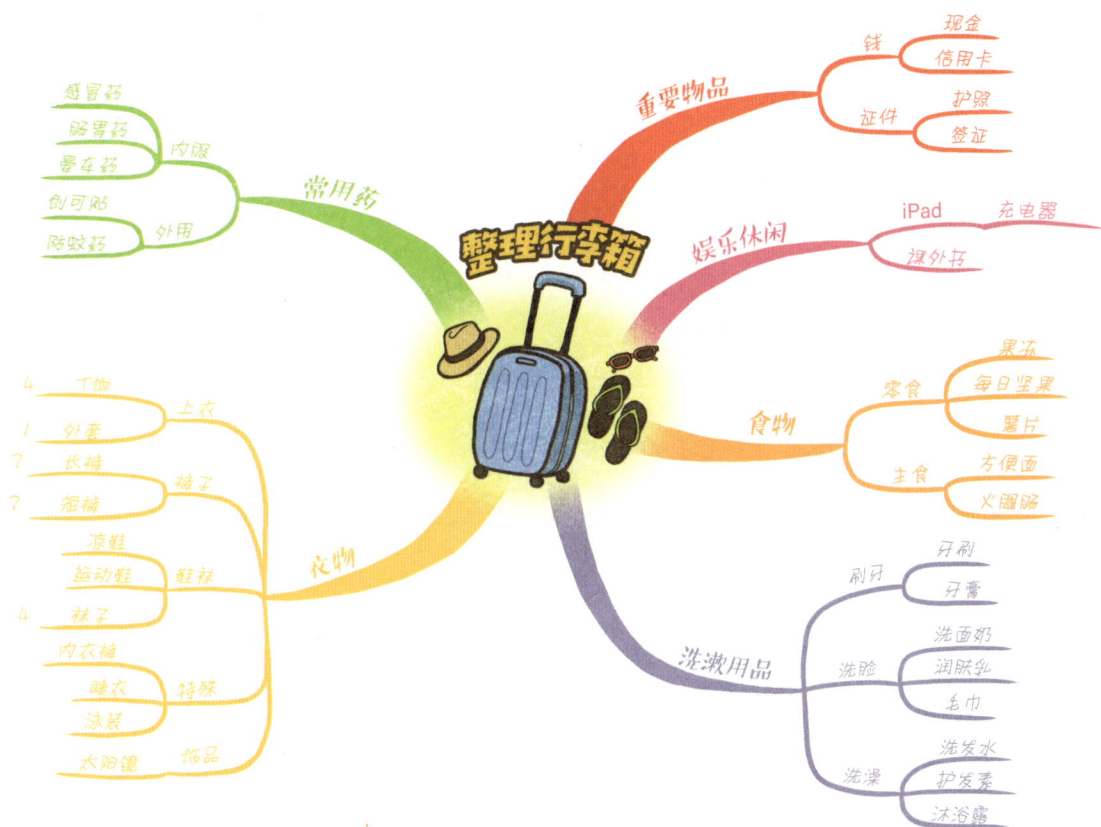

第五步：看一下这些物品之间有没有关联关系，在特别重要的地方画图标记

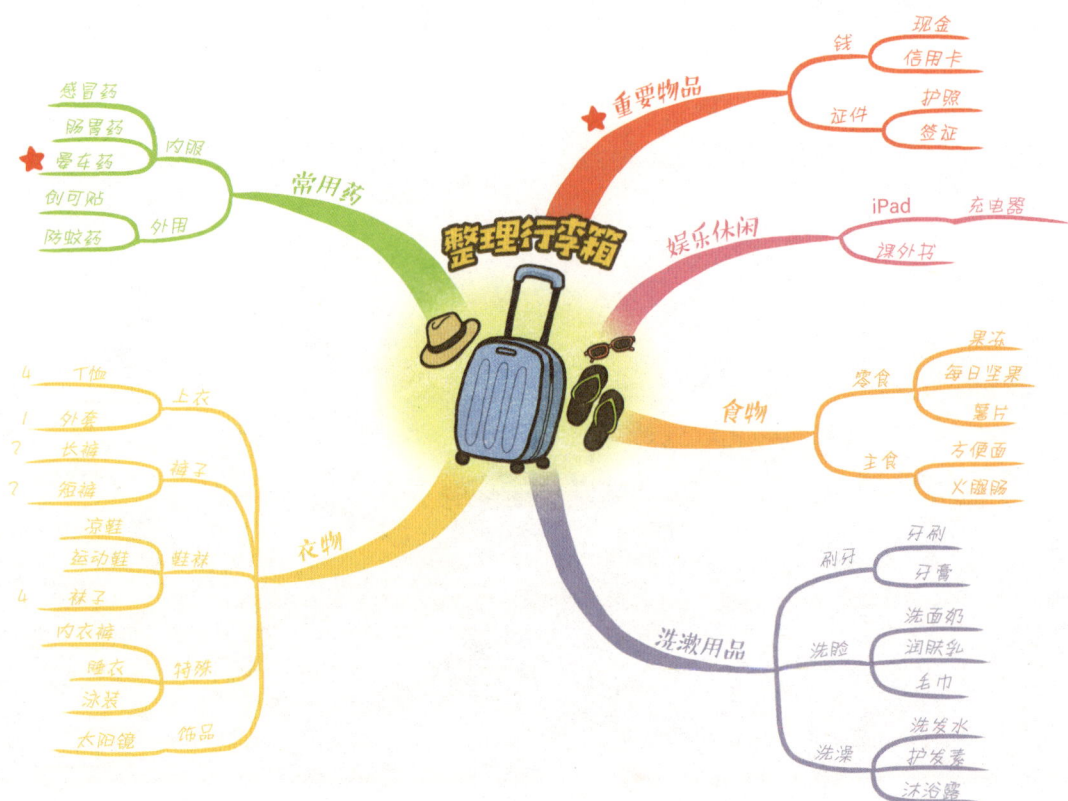

思考与练习

1. 复述一下，用思维导图进行物品整理的方法和步骤。

2. 用思维导图法，和妈妈一起整理一份去超市购物的"购物清单"吧！

4 问题分析与解决：过好 "小升初" 关键的一年

"小升初"是一件大事，也可能是孩子人生中一个很重要的转折点。很多孩子都想通过自己的努力进入一所心仪的中学，作为家长应该怎样帮助和配合孩子达成目标呢？

接下来我就借"小升初"这个话题，教大家一个通过思维导图进行目标梳理、目标分解，最终制订行动计划实现目标的方法，帮助孩子从小培养对自己的人生负责的习惯。

第一步：确定中心主题，清晰表述具体要实现哪方面的目标

在这里，当然就是要实现我们"小升初"的相关目标了。一想到小升初，你脑海当中浮现出来的画面是什么样的呢？把它简单画出来，配上文字，作为中心主题。

第二步：画第一个主干——你的目标

围绕着中心主题想一下，关于这件事情，你期望的目标是什么？把明确的目标在第一个主干中画出来，可以是一个，也可以是多个。

第三步：画第二个主干——目标分解

有时候，要实现一个大目标，我们可能会觉得有点儿难，也可能会觉得有压力。有一个好办法就是，把

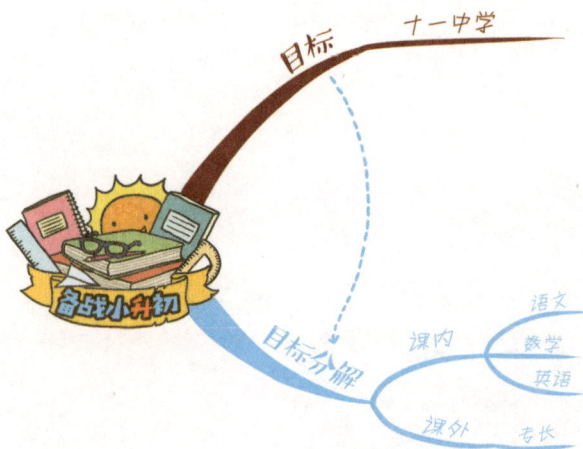

大目标分解成小目标。

　　想一想，你的这个大目标可以再分解成几个阶段性的小目标吗？如果能，这些小目标是什么？把它们明确下来，写在第二个主干后面。

第四步：画第三个主干——重要事情

　　我们想要实现任何目标，都要通过不懈的努力。那么，要实现你想达到的这些小目标，你都需要做哪些事情呢？

　　我想在你的脑海中出现的事情一定很多吧？选出那些比较重要的事情并按照逻辑顺序写下来。有些时候，我们把主要精力放在那些比较重要的事情上，往往会事半功倍！

　　如果在你列出的比较重要的事情中有为某个分解目标做的针对性的努力，也可以用关联线或者相同的小图标进行标记，这样看起来更直观，也会帮助你增加实现它的意愿！

第五步：画最后一个主干——心态和方法

　　不得不说，好的心态对于实现目标是有非常大的帮助的。你可以根据自己的情绪特点对理想的心态进行计划并写在思维导图上，在实际生活中督促自己进行调整。关于心态和方法方面的内容，可以放在一起，也可以分开，由你自己的实际思考情况决定。

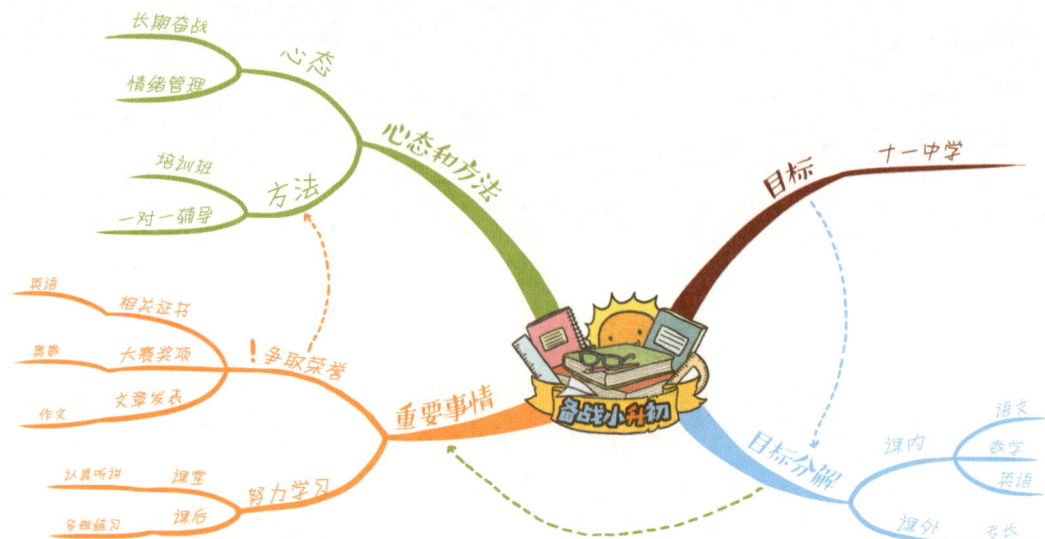

第六步：逐项确认，增强执行动力

整张思维导图画完以后，你是不是感觉斗志昂扬了？再逐项确认，看看有没有哪里需要调整，或者哪个部分是自己特别关注的，把它标记出来。然后就全力以赴地为它努力吧！

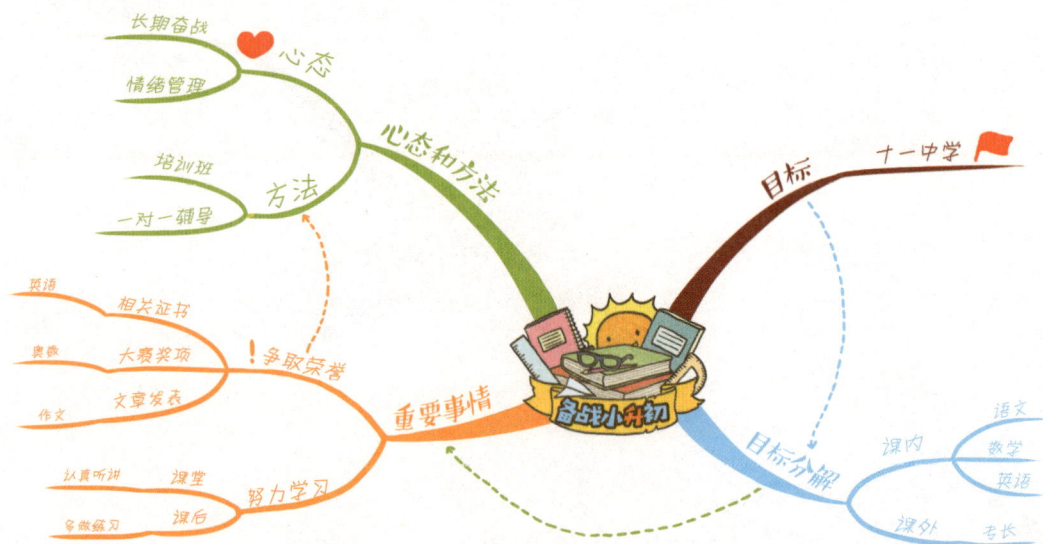

以上我们虽然只选择了用"小升初"的话题举例，但梳理思路的方法是通用的，大家可以在更多的领域里去尝试。提醒大家，无论具体应用在哪些领域，以下几点都是你需要牢记于心里的——会分类、抓重点、找关联。最后，祝大家都能在思维导图法的帮助下实现目标，达成所愿！

1. 复述一下用思维导图法梳理思路以达成目标的方法和步骤吧。

2. 用思维导图法，梳理一件对于你来说很重要的事情，或要完成的比较重要的任务的思路（比如"参加演讲比赛并夺冠"），并按照这个思路逐一在行动中去落实吧！

本章知识精华

梳理思路
1. 明确主题
2. 写下目标
3. 目标分解
4. 重要事件
5. 心态方法
6. 整体检核

善于计划
1. 确定主题
2. 分类罗列
3. 标注排序
4. 明确时间
5. 资源整合

思维导图生活中无处不在

善于整理
1. 确定主题
2. 开始联想
3. 逻辑分类
4. 完善内容
5. 关联与重点

善于策划
工具　5W2H
步骤
1. 思考目的
2. 明确方向
3. 写下目的
4. 思考细节
5. 检验目的

学习总结

我的
收获

妈妈的
收获

亲子思维导图开创者

思维导图
学习法
带孩子养成超强思考力
（英式思维导图）

下

霍英杰 著　胡锦平 绘

附 赠
20节思维导图
视频课

人民邮电出版社
北京

目录（下）

第五章

用思维导图
搞定语文

重要度：★★★★

聚焦语文学科，结合小学课本内容，进行典型案例应用分析，帮助同学们掌握独立自主思考的学习方法。

语文的重要性不言而喻。语文学不好，不仅影响这个学科的成绩，还会间接影响其他学科的成绩。

语文看似简单，但要真正学好也没那么容易。比起相对容易掌握的字、词、句，考试中占据分值更大的阅读理解和作文写作的学习难度较大。从信息和我们大脑之间的互动角度来看，阅读理解属于"输入"大脑的信息，而作文写作则是从大脑中"输出"的信息。说到底，阅读理解和作文写作真正考验学生的地方在于"信息整合"，而这正是思维导图的优势所在。所以，用思维导图帮助学生学习语文是非常直接、有效的。

学好思维导图，搞定语文很容易！

菲菲老师

本章，语文老师菲菲会带领你踏上新的学习之旅，手把手地教你怎样用思维导图的方法搞定让人"头疼"的阅读理解和作文写作，同时大大提高你的"输入"和"输出"能力。

1 用思维导图搞定阅读理解

阅读是写作的基础，所以我们先从阅读说起。

在小学阶段，"记叙文"和"说明文"是比较常见的文体，这里我们就对这两类课文的阅读理解举例说明一下。

一、记叙文

记叙文是以记人、叙事、写景、状物为主要内容的一种文章体裁。

在学习记叙文类的课文时，建议同学们从以下几个方面入手。

情感意义　　　　　　　　　基本信息

课文　名称

写作手法　　　　　　　　　主要内容

基本信息

基本信息主要是指与作者有关的信息或者写作的背景介绍等，比如一些重要的关于作者的情况是需要我们掌握的，那就可以在这部分列出来，便于记忆。

主要内容

主要内容是指对课文主要讲了什么进行基本的总结，这部分的梳理可以参照本书上册（第三章）我们讲过的阅读笔记的四步法展开，通过梳理，进一步加深同学们对内容的理解。

写作手法

写作手法是指对这篇课文运用的写作方法，比如表达方式、描写顺序等进行分析。这也是我们在未来写作时可以借鉴的，平时应多注意总结，将来写作时就可以很自然地运用。

情感意义

情感意义是指对作者写这篇文章的目的以及你读完了这篇文章的感受进行分析。比如，作者想抒发什么样的情感？作者想表达什么意义？

这 4 个方面是学习"记叙文"时要关注的重点，可以直接以这 4 个方面作为主干，阅读时一边分析思考，一边梳理思维导图。

下面我们通过《鸟的天堂》来举例说明，介绍一下用思维导图搞定阅读理解的具体操作步骤。

鸟的天堂

巴金

我们吃过晚饭,热气已经退了。太阳落下了山坡,只留下一段灿烂的红霞在天边。

我们走过一段石子路,很快就到了河边。在河边大树下,我们发现了几只小船。

我们陆续跳上一只船。一个朋友解开了绳,拿起竹竿一拨,船缓缓地动了,向河中心移去。

河面很宽,白茫茫的水上没有一点波浪。船平静地在水面移动。三支桨有规律地在水里划,那声音就像一支乐曲。

在一个地方,河面变窄了。一簇簇树叶伸到水面上。树叶真绿得可爱。那是许多株茂盛的榕树,看不出主干在什么地方。

当我说许多株榕树的时候,朋友们马上纠正我的错误。一个朋友说那里只有一株榕树,另一个朋友说是两株。我见过不少榕树,这样大的还是第一次看见。

我们的船渐渐逼近榕树了。我有机会看清它的真面目,真是一株大树,枝干的数目不可计数。枝上又生根,有许多根直垂到地上,伸进泥土里。一部分树枝垂到水面,从远处看,就像一株大树卧在水面上。

榕树正在茂盛的时期,好像把它的全部生命力展示给我们看。那么多的绿叶,一簇堆在另一簇上面,不留一点儿缝隙。那翠绿的颜色,明亮地照耀着我们的眼睛,似乎每一片绿叶上都有一个新的生命在颤动。这美丽的南国的树!

船在树下泊了片刻。岸上很湿,我们没有上去。朋友说这里是"鸟的天堂",有许多鸟在这树上做巢,农民不许人去捉它们。我仿佛听见几只鸟扑翅的声音,等我注意去看,却不见一只鸟的影儿。只有无数的树根立在地上,像许多根木桩。土地是湿的,大概涨潮的时候河水会冲上岸去。"鸟的天堂"里没有一只鸟,我不禁这样想。于是船开了,一个朋友拨着桨,船缓缓地移向河中心。

第二天,我们划着船到一个朋友的家乡去。那是个有山有塔的地方。从学校出发,我们又经过那"鸟的天堂"。

这一次是在早晨。阳光照耀在水面,在树梢,一切都显得更加光明了。我们又把船在树下泊了片刻。

起初周围是静寂的。后来忽然起了一声鸟叫。我们把手一拍,便看见一只大鸟飞了起来。接着又看见第二只,第三只。我们继续拍掌,树上就变得热闹了,到处都是鸟声,到处都是鸟影。大的,小的,花的,黑的,有的站在树枝上叫,有的飞起来,有的在扑翅膀。

　　我注意地看着，眼睛应接不暇，看清楚了这只，又错过了那只，看见了那只，另一只又飞起来了。一只画眉鸟飞了出来，被我们的掌声一吓，又飞进了叶丛，站在一根小枝上兴奋地叫着，那歌声真好听。

　　当小船向着高塔下面的乡村划去的时候，我回头看那被抛在后面的茂盛的榕树。我感到一点儿留恋。昨天是我的眼睛骗了我，那"鸟的天堂"的确是鸟的天堂啊！

第一步：快速通读全文，确定中心主题

　　中心主题可以用课文中的合适的插图，或是自己读完课文后脑海中浮现的一些画面，再配上课文名称。

第二步：参照模板，把主干搭建好，在自己的脑海中形成整体的感受

第三步：完善分支，逐项把每一个主干后面的内容补充完整

（1）对第一个主干——基本信息展开梳理

　　这篇课文是小学语文课本中的一篇经典佳作，是作家巴金的作品。在这里我们可以对巴金的信息做适当的展开。

（2）对第二个主干——故事梗概进行展开

主要内容，是整个记叙文阅读理解中比较重要的一个方面。

通过对《鸟的天堂》的阅读，发现可以依据课文中讲的，按照两次去大榕树的描述，划分下一级支干。

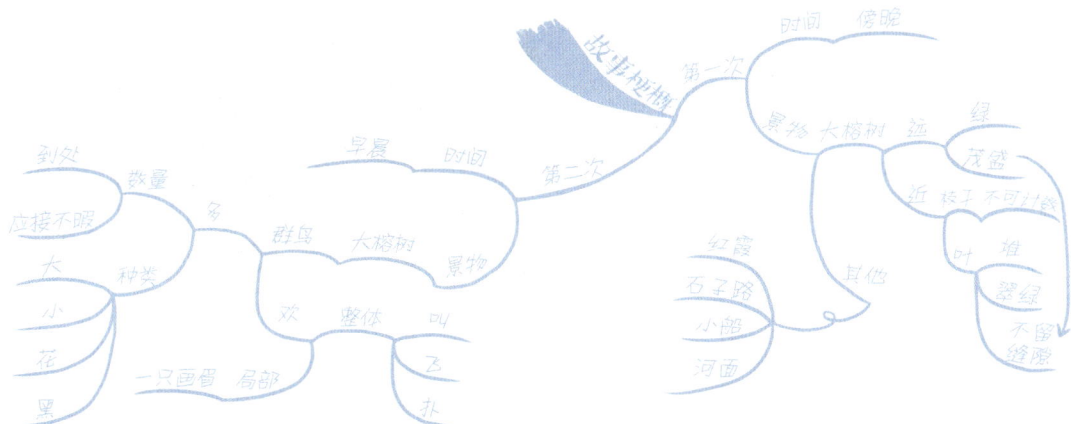

（3）对第三个主干——文章写法进行分析

这方面的内容，不是从文章中直接可以找到的，需要同学们自己分析，或者听老师上课的讲解，把典型的写作手法分类梳理出来。

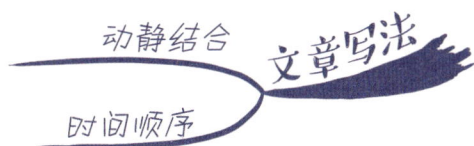

（4）对第四个主干——情感升华进行展开

这方面的内容，是要用心去揣摩作者的写作用意，或仔细体会自己读完文章之后的感受得出的。

第四步：整体看有没有关联或想突出的重点，可以加上图

这一步的作用就是让我们在梳理完思维导图之后，能再从整体上系统、全面地思考，让我们对课文的全局有更好的把握。

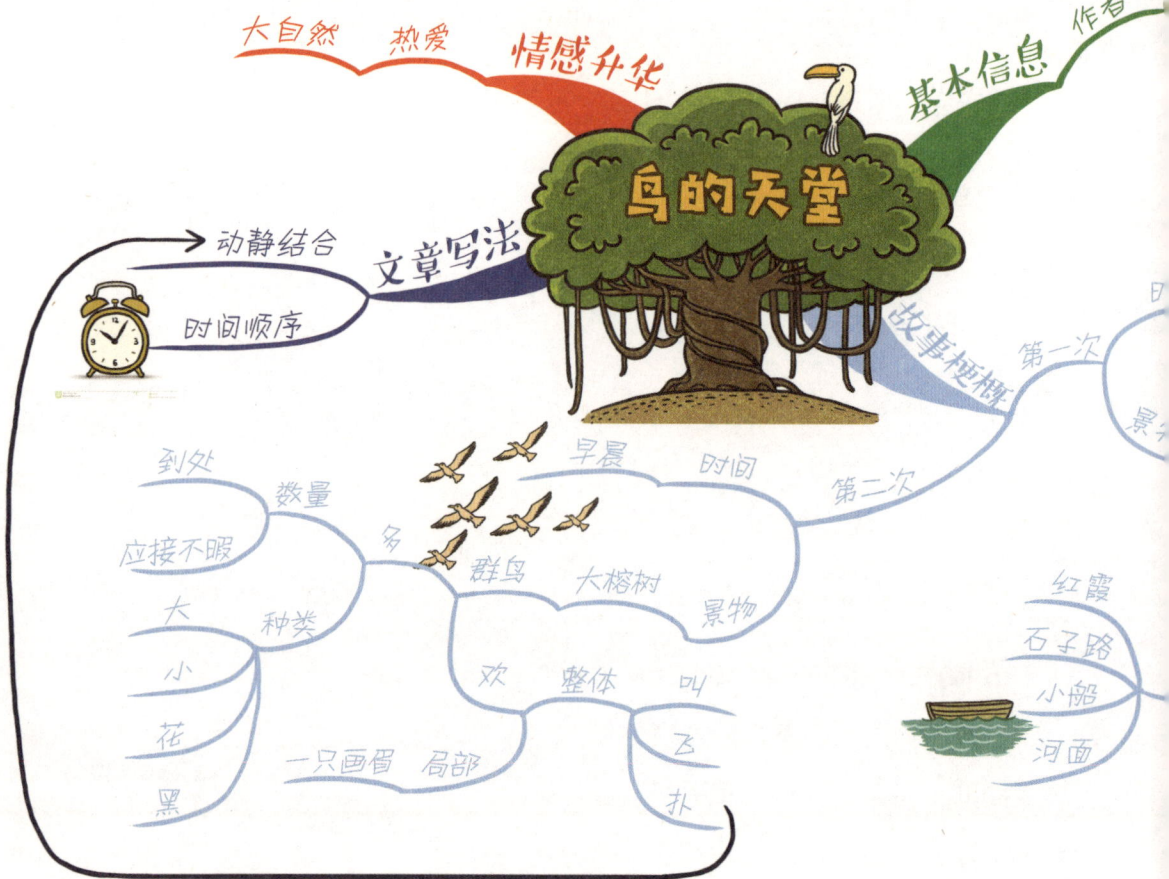

按照同样的思路，我们再来看一个案例，巩固一下这个方法的运用。

顶碗少年

赵丽宏

有些偶然遇到的事情，竟会难以忘怀，并且时时萦绕于心。因为，你也许能从中不断地得到启示，悟出一些人生的哲理。

这是二十多年前的事情了。有一次，我在上海大世界的露天剧场里看杂技表演。节目很精彩，场内座无虚席。坐在前几排的，全是来自异国的旅游者，优美的东方杂技，使他们入迷了，他们和中国观众一起，为每一个节目喝彩鼓掌。

一位英俊少年出场了。在轻松优雅的乐曲声里，只见他头上顶着高高的一摞金边红花白瓷碗，柔软而又自然地舒展着肢体，做出各种各样令人惊羡的动作，忽而卧倒，忽而跃起……碗，在他的头顶上摇摇晃晃，却总是不掉下来。最后他骑在另一位演员身上，两个人一会儿站起，一会儿躺下，一会儿用各种姿态转动着身躯。站在别人晃动着的身体上，很难再保持平衡，他头顶上的碗，摇晃得厉害起来。在一个大幅度转身的刹那间，那一大摞碗突然从他头上掉了下来！这意想不到的失误，让所有观众都惊呆了。

台上并没有慌乱。顶碗的少年歉疚地微笑着，不失风度地向观众鞠了一躬。一位姑娘走出来，扫起了地上的碎瓷片，又捧出一大摞碗，还是金边红花白瓷碗，整整十只，一只不少。于是，音乐又响起来，碗又高高地顶到了少年头上，一切重新开始。少年很沉着，不慌不忙地重复着刚才的动作，依然是那么轻松优美，紧张不安的观众又陶醉在他的表演之中。到最后关头了，又是两个人叠在一起，又是一个接一个艰难的转身。碗，又在他头顶厉害地摇晃起来。观众们屏住气，目不转睛地盯着他头上的碗……眼看身体已经转过来了，几个性急的外国观众忍不住拍响了巴掌。那一摞碗却仿佛故意捣蛋，突然跳起摇摆舞来。少年急忙摆动脑袋保持平衡，可是来不及了。碗，又掉了下来。

场子里一片喧哗。台上，顶碗少年呆呆地站着，脸上全是汗珠，他有些不知所措了。还是那一位姑娘，走出来扫去了地上的碎瓷片。观众中有人在大声地喊："行了，不要再来了，演下一个节目吧！"好多人附和着喊起来。一位矮小结实的白发老者从后台走到灯光下，他的手里，依然是一摞金边红花白瓷碗。他走到少年面前，脸上微笑着，并无责怪的神色。他把手中的碗交给少年，然后抚摩着少年的肩胛，轻轻摇了一下，嘴里低声说了一句什么。少年镇静下来，手捧着新碗，又深深地向观众鞠了一躬。

音乐第三次奏响了！场子里静得没有一丝声息。有一些女观众，索性用手捂住了眼睛。

这真是一场惊心动魄的拼搏！当那摞碗又剧烈地晃动起来时，少年轻轻抖了一下脑袋，终于把碗稳住了。全场响起了暴风雨般的掌声。

在以后的岁月里，不知怎的，我常常会想起这位顶碗少年，想起他那一次的演出，每每想起，总会有一阵微微的激动……

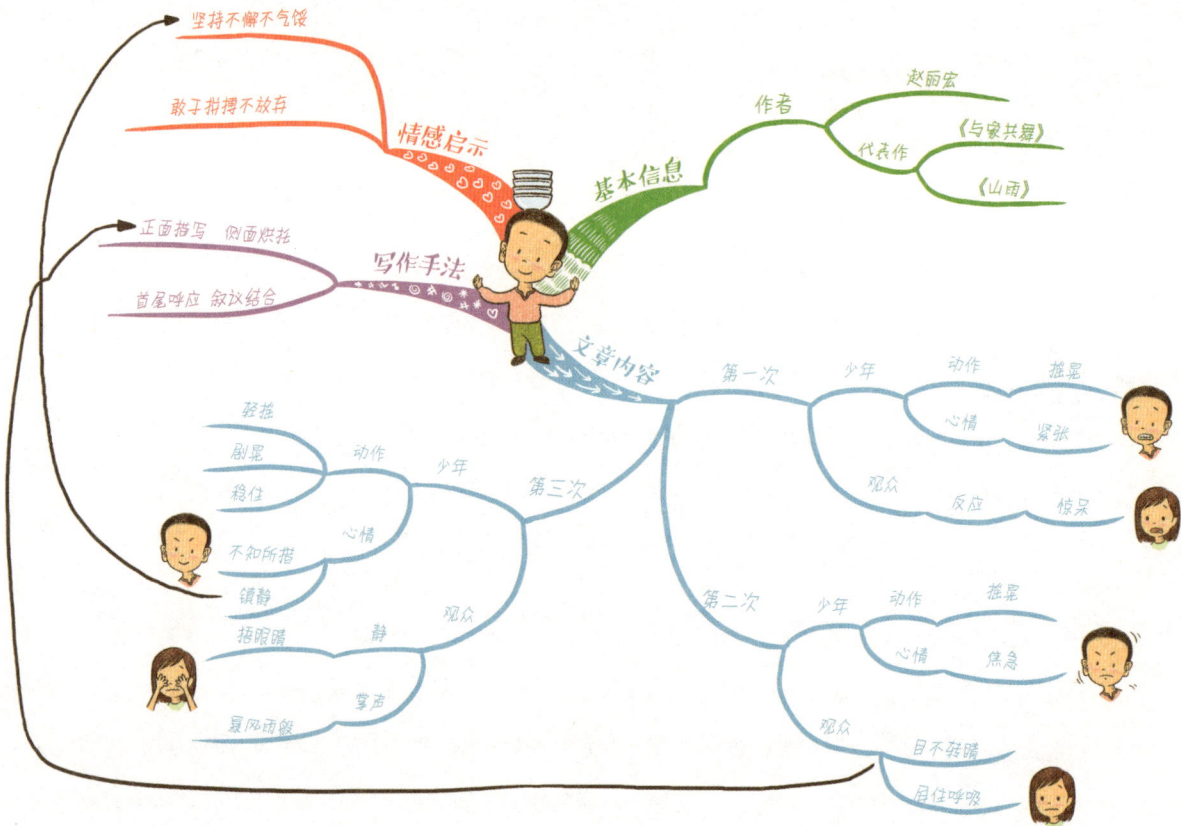

对这篇课文按照时间顺序来进行划分，具体为第一次、第二次、第三次。

这种分法比较适合用于故事中时间或者事件切换比较明显的课文。

再来看一个稍微有点差别的例子。

世界地图引出的发现

1910 年的一天，年轻的魏格纳因病住进了医院。病房洁白宁静，就连穿着白大褂的医生也是脚步轻轻。

魏格纳性格豪放，天性好动，在静谧舒适的病房里坐卧不安，就像软禁在牢笼中的困兽一般。他常常耐着性子，面对墙上的地图呆呆地出神。实在无聊了，魏格纳就站起来，用食指在地图上画着各个大陆的海岸线，借此消磨时光。他画完了大洋洲，又画南极洲；画完了非洲，又画南美洲。突然，他的手指慢了下来，停在地图上南美洲上巴西的一块突出的部分，眼睛却盯住非洲西海岸呈直角凹进的几内亚湾。

瞧！这两个地方的形状竟是这般不可思议地吻合！魏格纳被自己偶然的发现惊呆了！他精神大振，仔细端详着美洲和非洲大陆形状上的不同点。果然，巴西东海岸的每一个突出部分，都能在非洲西海岸找到形状相似的海湾；同时，巴西的每个海湾，又能在非洲找到相应的突出部分。

"这不会是一种巧合吧？"

魏格纳兴奋极了，将地图上一块块陆地进行了比较，结果发现，从海岸线的相似情形看，地球上所有的大陆块都能够较好地吻合在一起。

于是，这位年轻人的脑海里形成了一个崭新的奇想：在太古时代，地球上所有的陆地都是连在一起的，后来因为不断漂移，才分成今天的各个大陆，它们的海岸线才会惊人地吻合。

第二天一早，他叩开了著名科学家柯彭教授的大门，把自己这个想法告诉了他。教授肯定了他的假想有道理，并说也曾有人提起过，但都没有足够的事实加以证明。教授劝他打消念头，不必为此枉费心机。

魏格纳并不是一个轻易改变自己想法的人。他开始在各大洲之间的联系和对比中进行考察，在浩如烟海的资料中寻找大陆漂移的证据。一次，他看到一份材料，里面提到南美洲和非洲大陆上的古生物化石有一定的相似性。一种叫中龙的爬行动物，既见于巴西东部，也见于非洲西南部，显然，这些动物当时生活在同一块大陆上，否则，即使是插上翅膀也难以飞渡重洋。这个重要的发现大大鼓舞了他。他充满信心，又做了很多考证工作。

1912 年，在法兰克福召开的地质学会上，魏格纳作了题为《大陆与海洋的起源》的演讲，提出了关于大陆漂移的假说，引起了地质界的震动。

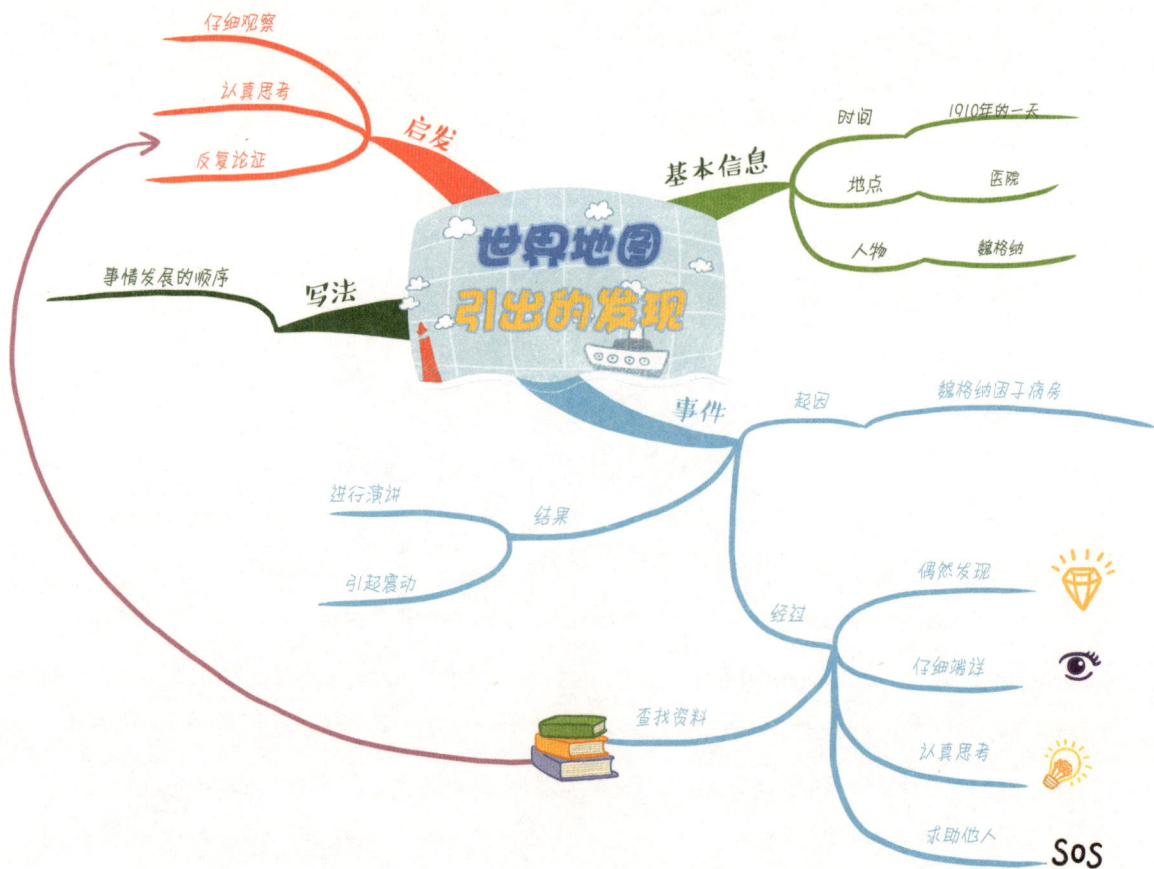

仔细观察
认真思考
反复论证
启发

基本信息
时间 —— 1910年的一天
地点 —— 医院
人物 —— 魏格纳

事情发展的顺序
写法

世界地图
引出的发现

事件
起因 —— 魏格纳因子病房

进行演讲
结果
引起震动

经过
偶然发现
仔细端详
认真思考
求助他人 SoS

查找资料

　　你如果仔细看，就会发现，这个思维导图的主干还是我们在模板中提出的 4 个方面，但从下面的二级分支开始就有所不同了。这张图的"基本信息"部分列出的是故事本身的时间、地点、人物信息；而"事件"部分的分类方式也和之前不太一样，这次选用的是起因、经过、结果。

　　这样的分法更便于我们发现"记叙文"写作的六要素：时间、地点、人物、起因、经过、结果。在未来写记叙文时，我们就可以参考借鉴这六要素。

二、说明文

说明文是一种以说明为主要表达方式的文章体裁。说明文的实用性很强，它包括广告、说明书、提要、提示、规则、章程、解说词等。

说明文有的以时间为序，有的以空间为序；有的由现象写到本质，有的由主写到次；有的按工艺流程顺序来说明，有的按事物的性质、功用、原理等顺序来说明。

对于课本中出现的说明文，我们也可以从事物的"功用或者特点"等来进行分析，同时还要知道文章中哪里使用了什么样的"说明方法"。

如果文章中介绍的是几种事物，那么可以按照事物的名称作为思考的几大方面，形成思维导图的几大主干，再依次梳理相关信息。

如果文章中只介绍了一种事物，那么可以把这个事物的特点、作用、说明方法等方面作为主干，依次梳理。

我们来看下面这个案例。

新型玻璃

周水野

夜深了，从一座陈列珍贵字画的博物馆里，突然传出了急促的报警声。警察马上赶来，抓住了一个划破玻璃企图盗窃展品的犯罪嫌疑人。你也许不会相信，报警的不是值夜班的看守，而是被划破的玻璃！这是一种特殊的玻璃，里面有一层极细的金属丝网。金属丝网接通电源，跟自动报警器相连。犯罪嫌疑人划破玻璃，碰着了金属丝网，警报就响起来了。这种玻璃叫"夹丝网防盗玻璃"，博物馆可以采用，银行可以采用，珠宝店可以采用，存放重要图纸、文件的建筑物也可以采用。

另一种"夹丝玻璃"不是用来防盗的。它非常坚硬，受到猛击仍安然无恙，即使被打碎了，碎片仍然藕断丝连地粘在一起，不会伤人。有些国家规定，高层建筑必须采用这种安全可靠的玻璃。

还有一种"变色玻璃"，能够对阳光起反射作用。建筑物装上这种玻璃，从室内看

外面很清楚，从外面看室内却什么也瞧不见。变色玻璃还会随着阳光的强弱而改变颜色的深浅，调节室内的光线。所以人们把这种玻璃叫作"自动窗帘"。

你可能会想，窗子上的玻璃要是能使房间里冬暖夏凉，那该多好！这样的玻璃早就问世了，它就是"吸热玻璃"。在炎热的夏天，它能阻挡强烈的阳光，使室内比室外凉爽；在严寒的冬季，它把冷空气挡在室外，使室内保持温暖。

噪音像一个来无影去无踪的"隐身人"，不像烟尘和废水那样可以集中起来处理。尽管这位"隐身人"难以对付，人们还是想出了许多制服它的办法。"吃音玻璃"就是消除噪音的能手。临街的窗子上如果装上这种玻璃，街上的声音为 40 分贝时，传到房间里就只剩下 12 分贝了。

在现代化的建筑中，新型玻璃正在起着重要作用。在新型玻璃的研制中，人们将会创造出更多的奇迹。

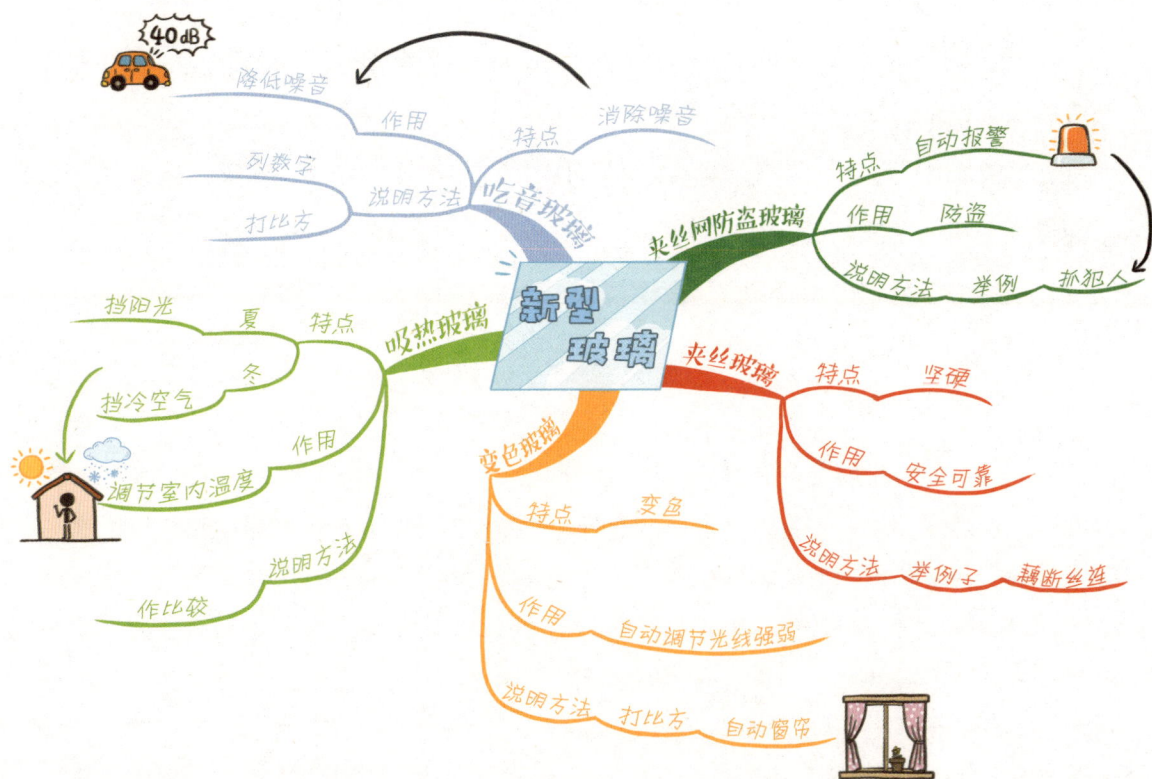

这张思维导图的主干就是按照文章中介绍的几种不同的玻璃确定的，然后又分别去整理每种玻璃的"特点""作用"和"说明方法"。这样整体看起来比较清晰。

再来看一个类似的例子。

各具特色的民居

尤智豪

客家民居

在闽西南和粤东北的崇山峻岭中，点缀着数以千计的圆形围屋或土楼，这就是被誉为"世界民居奇葩"的客家民居。

客家人是古代从中原繁盛的地区迁到南方的，他们的居住地大多在偏僻、边远的山区，为了防备盗匪的骚扰和当地人的排挤，便建造了营垒式住宅，在土中掺石灰，用糯米饭、鸡蛋清作黏合剂，以竹片、木条作筋骨，夯筑起墙厚1米、高15米以上的土楼。它们大多为三至六层楼，一百至二百多间房屋如橘瓣状排列，布局均匀，雄伟壮观。大部分土楼有两三百年甚至五六百年的历史，经受无数次的地震撼动、风雨侵蚀以及炮火攻击而安然无恙，显示了传统建筑文化的魅力。

客家先民崇尚圆形，认为圆是吉祥、幸福和安宁的象征。土楼围成圆形的房屋均按八卦布局排列，卦与卦之间设有防火墙，整齐划一。

客家人在治家、处事、待人、立身等方面，无不体现出明显的文化特征。比如，许多房屋大门上刻着这样的正楷对联："承前祖德勤和俭，启后子孙读与耕"，表现了先辈希望子孙和睦相处、勤俭持家的愿望。

客家人那和睦相处、勤俭持家的品格值得我们学习，土楼内所保留的民俗文化，让人感受到中华传统文化的深厚久远。

傣家竹楼

踏上傣家人居住的土地，你就走进了绿色的世界。远远望去，到处是一丛丛绿色的凤尾竹和遮天盖地的油棕林。竹林深处不时传来鸡犬之声，那一幢幢竹楼都藏在浓绿的竹林中了。

竹楼是傣族传统的建筑形式。傣族人民居住区地处亚热带，气温高，据说竹楼有利于防止酷热和湿气，因此，傣族人家至今依然保持着"多起竹楼，傍水而居"的习惯。

傣族村寨多则二三百户，少则一二十家，都由一幢幢别致的竹楼组成。村边都有防护林带。每家竹楼四周，都用竹篱围着。篱内种植各种花木果树，可谓"树满寨，花满园"。竹楼下有较大的空地作院子。整个竹楼呈正方形，分上下两层，楼上住人，楼下关牲口、堆柴禾。竹楼由二十至二十四根柱子支撑。屋内横梁穿柱，有的横梁上雕刻着花纹。离地七八尺处铺楼板或竹篾，将楼房隔为两层。以前屋顶是用茅草编织的草排或木片覆盖，近年来大都改为用瓦顶。

如果你到傣家作客，走进竹篱，登上木梯，便来到屋外的走廊。进门，是一间宽大的堂屋，中间铺一大块竹席，这是全家活动的中心，也是招待客人的地方。两侧是用木板或竹篾隔成的卧室，外人是不能入内的。傣家竹楼建筑结构一般比较简单，但十分宽敞，别致美观。室内通风也很好，坐在室内，只觉清风涂来，花果飘香。

建造竹楼，是傣家生活中的一件大事。按照传统习俗，先要选好地方，打好地基，再立柱架梁。一幢竹楼最主要的是中柱。中柱一般是八根。选择中柱是件严肃而隆重的事情。中柱从山上运进村寨时，大家都前去迎接，并泼水祝福。傣族还有个风俗：一家盖房，全村帮忙。新楼落成时，还要举行"架竹楼"仪式。这时候，全寨子的人都蜂拥而至，喜气洋洋，像过节一般热闹。同时还要请"赞哈"（民间歌手）唱"贺新房"的曲子，据说这样才能吉祥、平安，家道兴旺。

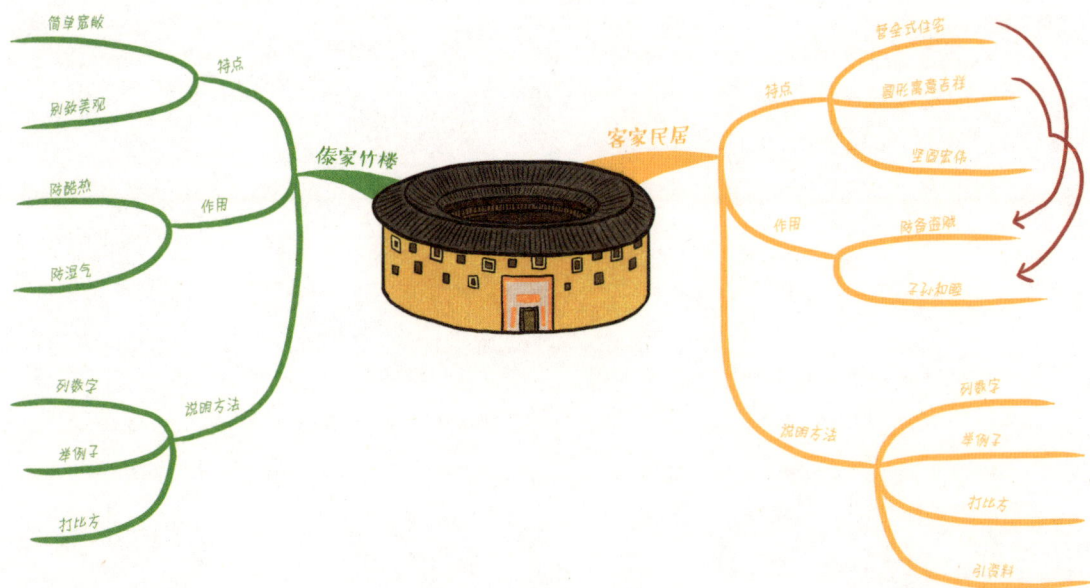

上面两个例子都是在同一篇文章中介绍多个事物的，是用每个事物做一个主干。

再来看一个例子，这篇文章只介绍一个事物，这时可以直接用这个事物做中心图，然后用特点、作用、说明方法作为主干。

太阳

张妱民

有这么一个传说，古时候，天上有十个太阳，晒得地面寸草不生。人们热得受不了，就找一个箭法浪好的人射掉九个，只留下一个，地面上才不那么热了。其实，太阳离我们有一亿五千万千米远。到太阳上去，如果步行，日夜不停地走，差不多要走三千五百年；就是坐飞机，也要飞二十几年。这么远，箭哪能射得到呢？

我们看到太阳，觉得它并不大，实际上它大得浪，一百三十万个地球的体积才能抵得上一个太阳。因为太阳离地球太远了，所以看上去只有一个盘子那么大。

太阳会发光，会发热，是个大火球。太阳的温度浪高，表面温度有六千摄氏度，就是钢铁碰到它，也会变成气体。

太阳虽然离我们浪远浪远，但是它和我们的关系非常密切。有了太阳，地球上的庄稼和树木才能发芽，长叶，开花，结果；鸟、兽、虫、鱼才能生存，繁殖。如果没有太阳，地球上就不会有植物，也不会有动物。我们吃的粮食、蔬菜、水果、肉类，穿的棉、麻、毛、丝，都和太阳有密切的关系。埋在地下的煤炭，看起来好像跟太阳没有关系，

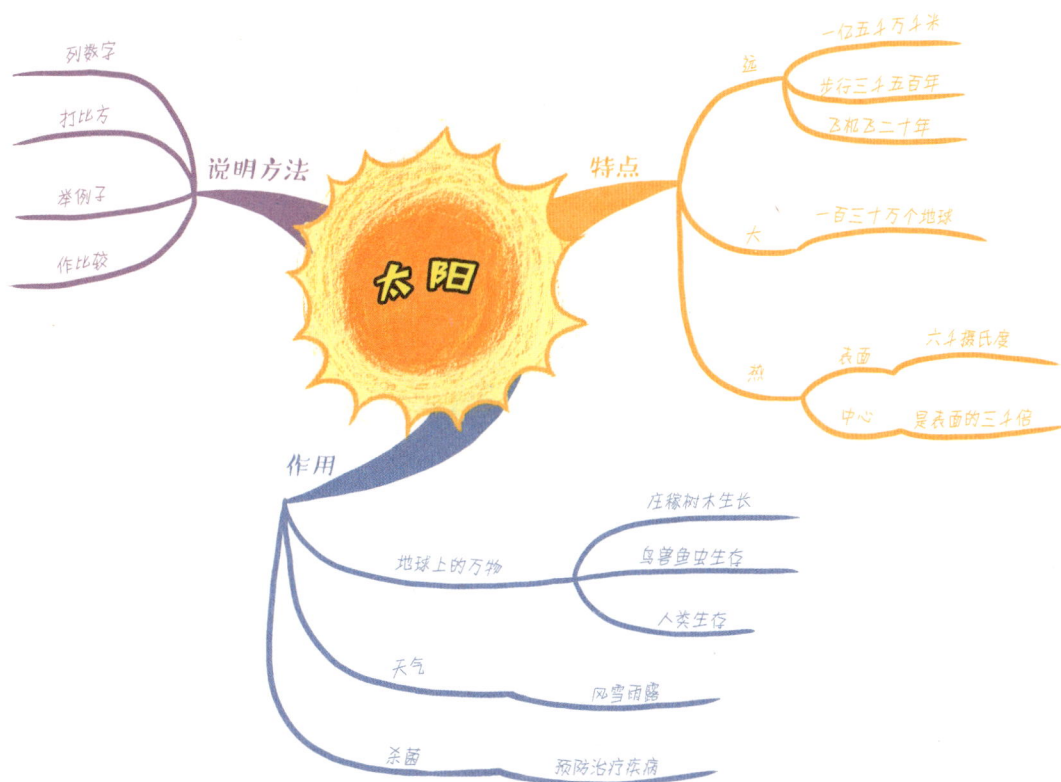

其实离开太阳也不能形成，因为煤炭是由远古时代的植物埋在地层底下变成的。

地面上的水被太阳晒着的时候，吸收了热，变成了水蒸气。空气上升时，温度下降，其中的水蒸气凝成了无数的小水滴，飘浮在空中，变成云。云层里的小水滴越聚越多，就变成雨或雪落下来。

太阳晒着地面，有些地区吸收的热量多，那里的空气就比较热；有些地区吸收的热量少，那里的空气就比较冷。空气有冷有热，才能流动，成为风。

太阳光有杀菌的能力，我们可以利用它来预防和治疗疾病。

地球上的光明和温暖，都是太阳送来的。如果没有太阳，地球上将到处是黑暗，到处是寒冷，没有风、雪、雨、露，没有草、木、鸟、兽，自然也不会有人。一句话，没有太阳，就没有我们这个美丽可爱的世界。

还有一些说明类的文章，也不一定从"特点"、"作用"和"说明方法"几个方面展开，而是要根据文章的内容有针对性地进行整理。

比如下面这个例子。

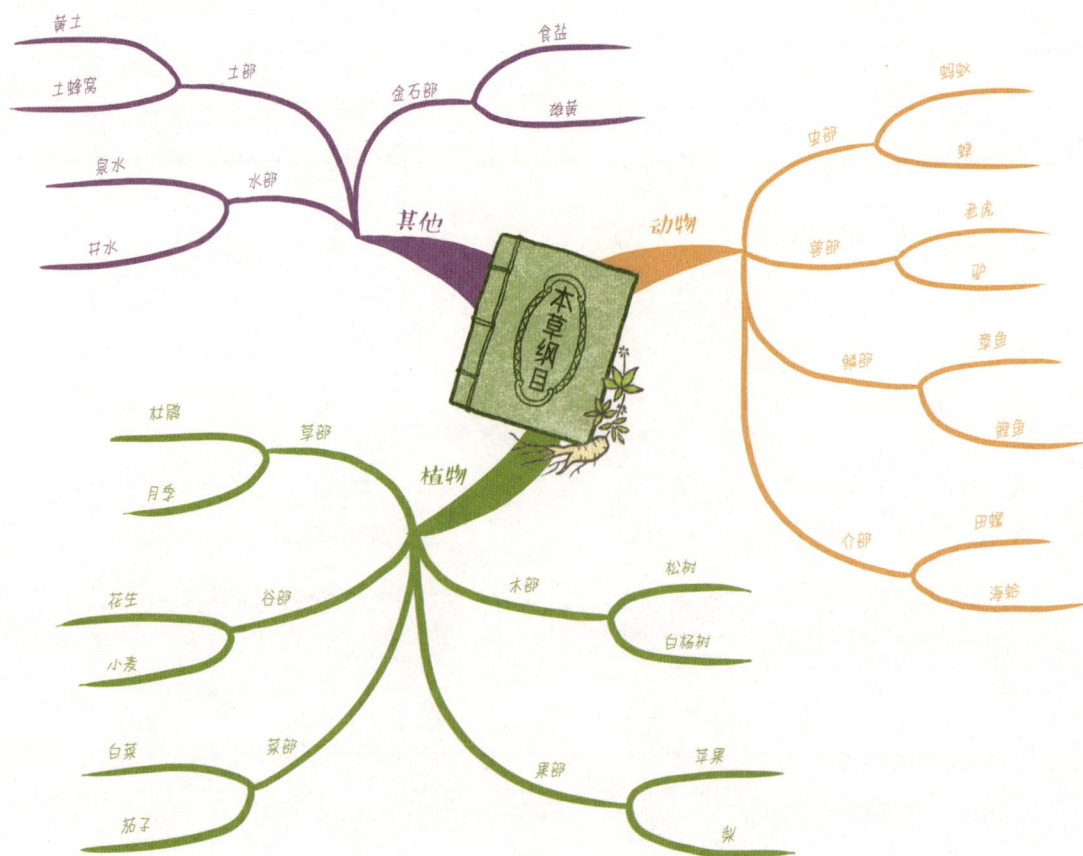

以上这几篇文章的整理方法，就非常适合用于"非连续性文本"内容的梳理。

关于阅读理解部分，我们就介绍到这里。我们提到的这些模板和思路是供大家参考的，不是绝对不能变的，大家可以根据课文的实际情况做调整。

思考与练习

1. 从你的语文课本中，选出一篇记叙文，用思维导图整理出阅读理解的笔记。

2. 从你的语文课本中，选出一篇说明文，用思维导图整理出阅读理解的笔记。

首屈一指……

暑气逼人……

眺望

烈日当空……

欣赏

观赏……

远望……

倾诉……

交流

鸟语花香

浏览…

名列前茅

阳春三月

春暖花开

春风轻拂……

俯视……

2 用思维导图搞定作文写作

写作，在语文学习中是一个非常重要的部分；在考试中，也是占据分值比较大的部分。

用思维导图帮助写作文，可以从以下 3 个阶段分别进行努力。

1. 灵感激发 ➟ 2. 写作结构 ➟ 3. 修辞润色

接下来，我们就围绕这 3 个阶段分别展开讲解如何用思维导图轻松写出好作文。

"要想有一个足够好的点子，先要有足够多的点子"，所以，写作前要做足够的灵感激发。包括选题、立意、写作内容等，都可以借助思维导图的"先发散、再收敛"的思考方式，先通过联想激发足够的灵感，再通过筛选，聚焦写作主题，选出合适的内容。

我们举一个真实的例子来看一下：我身边最_____的人。

这是一个半命题作文。我们很容易发现，这是一个要求写人的作文，而且要写出这个人的特点。

那么要写谁呢？中间的横线上填个什么词呢？

这时，我们有两种思路：一种是先想好写谁，再想那个空怎么填；另一种是先想好那个空都能填什么词，然后再看在符合这个词的情况下都能写谁。

我们选择第一种思路来做个示范：先想一想都能写谁呢？

通过思维导图的放射状结构化思维方式，我们可以一边画一边激发灵感，比如下图。

我们通过这样的方式可能会想到爸爸妈妈、爷爷奶奶、姑姑阿姨等亲人，还可能会想到人生里遇见的各位老师、一起学习的同学，也可能会想到社会上的某个人——消防员、清洁工、服务员或是路人。

我们发现，只要分出类别，就很容易打开思路，想到很多。

接下来，我们再看一遍题目：我身边最_____的人。既然是"我身边"，那还是选择一个平时生活中接触比较多、比较亲近的人吧，于是我们从想到的这些人中选择了"姥姥"，决定写一篇关于姥姥的文章。

然后，我们就要去想，横线上可以填什么词呢？我身边最_____的人，最××的人，可以描述这个人的某个特点，这时我们可以继续用思维导图的水平思考法来发散。

通过发散，我们想到姥姥有这么多的特点可以写，那到底重点写哪个呢？

思考之后，我们最后选择了"疼爱"，作文题目确定为"我身边最疼爱我的人"，主要写"我的姥姥"。这样，我们的作文选题就完成了。

接下来我们再来看看，具体能写哪些内容呢？写什么能更好地反映中心主题呢？

这时，我们还可以继续用类似的方式去发散，关于"姥姥疼爱我"都有哪些细节可以写呢？

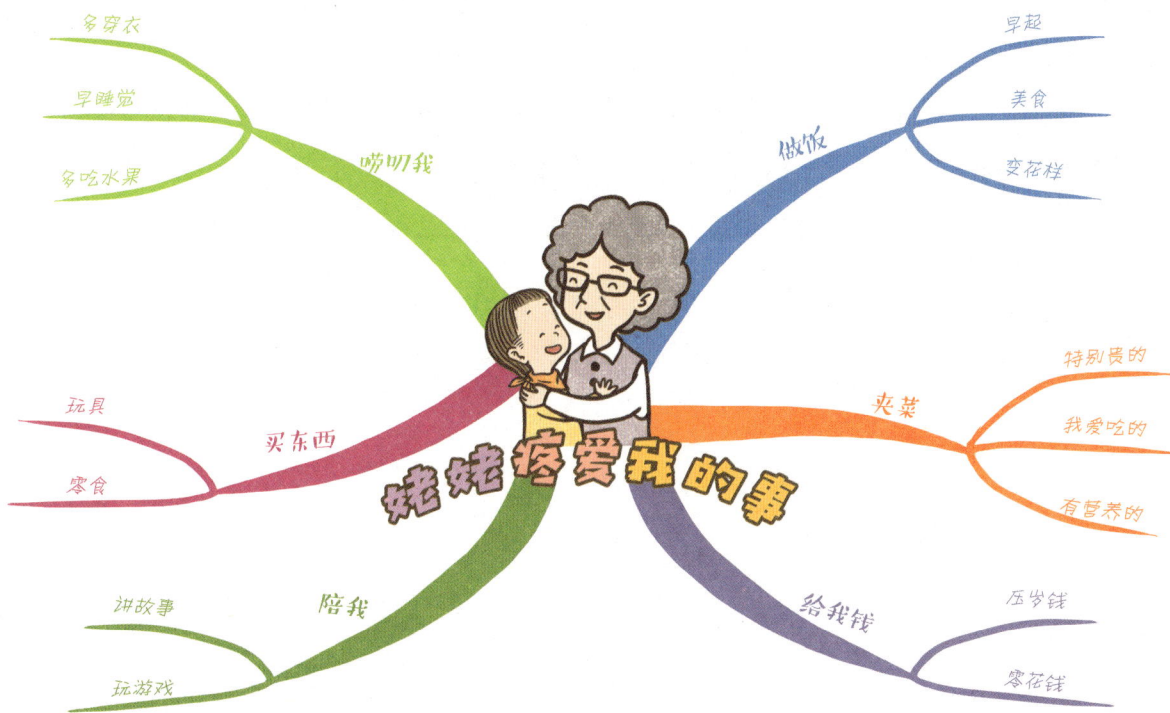

多穿衣
早睡觉
多吃水果
唠叨我
做饭
早起
美食
变花样

姥姥疼爱我的事

玩具
零食
买东西

夹菜
特别贵的
我爱吃的
有营养的

讲故事
玩游戏
陪我

给我钱
压岁钱
零花钱

看到这么多关于姥姥疼爱我的事情，是不是完全不用愁没有素材可写了？

这里选几件给"我"留下深刻印象的事情。

- ✔ 姥姥早起给我做早饭　○
- ✔ 姥姥总是唠叨我多穿衣服　○
- ✔ 姥姥经常给我夹菜，让我增加营养　○

就这 3 件事展开写一下，就可以非常好地说明姥姥是"我身边最疼爱我的人"这个主题了！

以上就是关于用思维导图进行灵感激发的方法。对于作文的选题立意、写作内容选择之类的问题，这种方法非常好用，平时可以多多尝试，灵感可是越激发越多哟！

下面提醒两个要注意的点：

分类和"一线一词"是打开思考窗口的前提，在进行灵感激发时要尽量把想法分类，然后写的时候尽量"一线一词"。

要注意"先发散、再收敛"的顺序。在发散阶段，先不要做过多的判断，先让灵感更多地闪现，抓紧记录，然后再集中针对主题去收敛，选出最合适的。

这些素材都准备好后，我们再来学习如何搭建写作结构。

二、写作结构搭建，经典文章结构仿作

搭建写作结构，就是把想好的素材按照一定的顺序写出来。

其实，小学作文常见的写作结构就是：总—分—总、总—分、分—总等。

写"我身边最疼爱我的人"，我们选择"总—分—总"的结构，把结构搭建出来。

这样，有了内容，又有了结构，这篇文章就比较容易写了。

当然，要写得精彩，还离不开一些修辞和润色，这个我们在后面会继续讲解。

其实，很多经典的结构，从我们平时阅读的课文中就可以学习到。

前面举了写人的例子，现在我们来举几个写景的例子。

比如：《观潮》。

这篇文章中，开头对钱塘江大潮做了一个概况介绍；接下来详细写出潮来前、潮来时、潮退后的景观；文章的结尾不断感叹大潮的壮观和澎湃。

这种结构我们通过画思维导图，就可以很明显地看出来。

观潮

情
- 赞美
  - 自古
  - 天下奇观
- 感受
  - 朦胧
  - 澎湃
- 赞叹
  - 亲临其境
  - 耳闻其声
  - 眼见其景

概况
- 名称 — 钱塘江大潮
- 名气 — 自古 — 天下奇观
- 地点 — 海宁市 — 盐官镇
- 时间 — 农历 — 八月十八

潮
- 潮来前
  - 江面
    - 平静
    - 宽阔
    - 笼罩着薄雾
  - 远处
    - 小山 — 若隐若现
    - 江潮 — 来到
- 潮来时
  - 时间 — 午后一点左右
  - 声音 — 隆隆 — 闷雷滚动
  - 人们 — 踮脚东望
  - 江面 — 人声鼎沸
  - 横贯江面 — 白浪翻滚 — 出现白线
  - 声音 — 山崩地裂 — 大地颤动
  - 水墙 — 两丈多高
  - 白色战马 — 齐头并进 — 浩浩荡荡 — 飞奔而来
- 潮去时
  - 潮头 — 奔腾西去
  - 余波 — 漫天卷地
  - 江面 — 风号浪吼 — 没变化

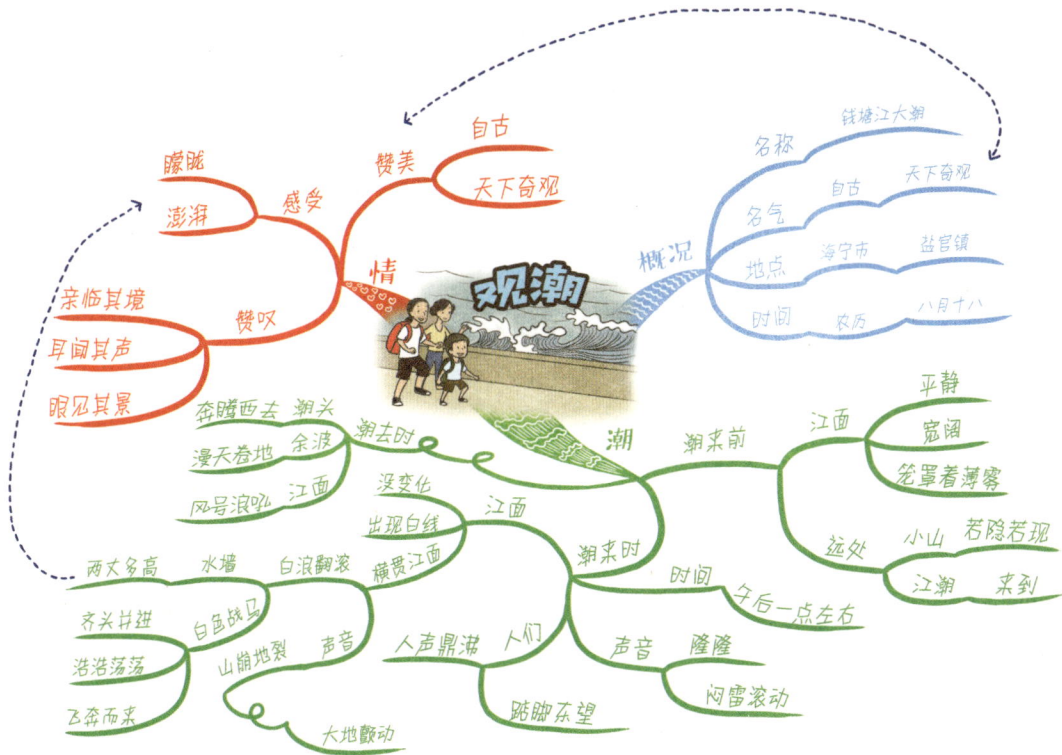

我们再来看一个例子: 《黄山奇石》。

这也是一篇写景的文章, 我们可以看到它也是"总—分—总"的结构: 开头总说黄山的位置、名气和特点; 中间详细分说黄山的几处景观; 最后总结概括, 抒发情感。

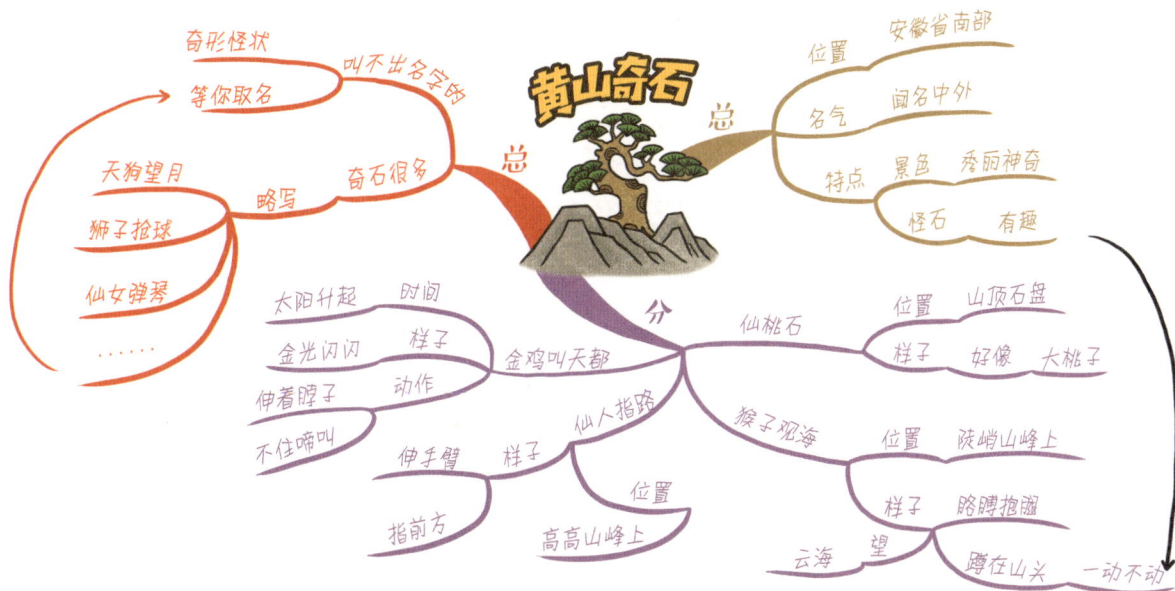

黄山奇石

总
- 位置 — 安徽省南部
- 名气 — 闻名中外
- 特点
  - 景色 — 秀丽神奇
  - 怪石 — 有趣

总
- 奇石很多
  - 叫不出名字的
    - 奇形怪状
    - 等你取名
  - 略写
    - 天狗望月
    - 狮子抢球
    - 仙女弹琴
    - ……

分
- 仙桃石
  - 位置 — 山顶石盘
  - 样子 — 好像 — 大桃子
- 猴子观海
  - 位置 — 陡峭山峰上
  - 样子 — 胳膊抱腿 — 蹲在山头 — 一动不动
  - 云海 — 望
- 仙人指路
  - 样子 — 伸手臂
  - 指前方
  - 位置 — 高高山峰上
- 金鸡叫天都
  - 时间 — 太阳升起
  - 样子 — 金光闪闪
  - 动作 — 伸着脖子 — 不住啼叫

通过这样对经典文章梳理思维导图，我们就可以让文章的结构非常清晰地呈现出来，这将给我们进行作文仿作带来非常大的便利。比如，你可以按这个结构把内容换成你要写的景物的内容——写人也是一样的。

我记得在我们的一期亲子思维导图课上，有一对双胞胎的妈妈是新华社的记者，她听我讲完这部分内容，感慨道："我终于知道为什么我写作比较快了，其实我就是用的这种拆解出经典文章结构，然后替换里面的内容的方式。"你看，新华社的记者都是用这样的方式写作的，我们还不快快抓紧学会！

这就好比是，我们用思维导图搭好了骨架，然后更换骨架上的内容，写出来的文章既快又好。

三、善用修辞手法，好词好句画龙点睛

当写什么和结构都确定好后，就要在写作手法上下功夫！

修辞润色的功力是需要平时积累的，建议大家平时多用思维导图去分类收集一些好词好句和修辞手法等，需要时可以拿来就用。

比如下面举的这个例子。

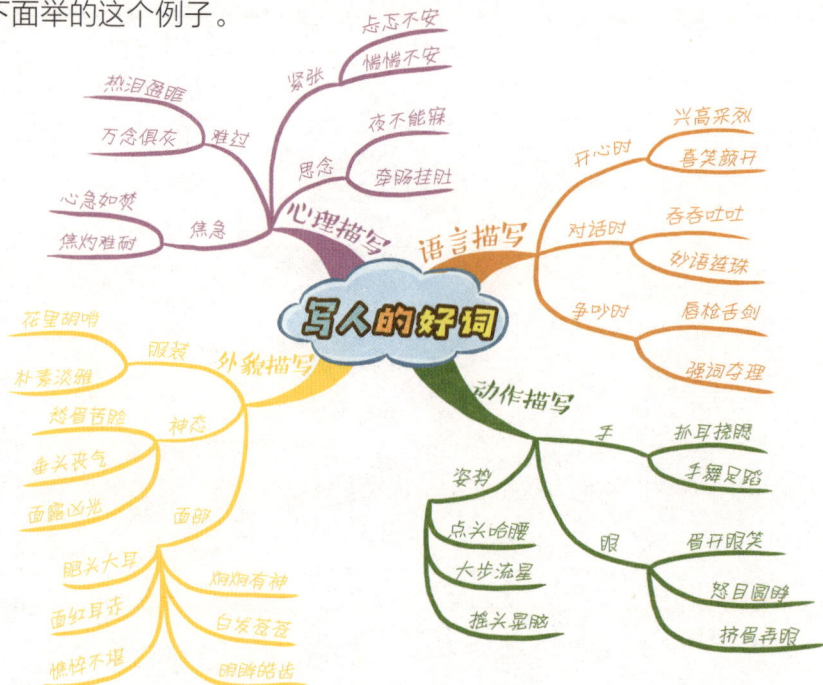

回到我们刚才的作文"我身边最疼爱我的人"，我们从之前积累的思维导图中去寻找一些合适的词，再加上适当的修辞手法，就可以写出一篇不错的文章了。

例文：

我身边最疼爱我的人

从小到大，我的身边有给我呵护的妈妈，有宽容大度的爸爸，有带我玩耍的姐姐，还有一个特别爱"唠叨"的姥姥，她是最疼爱我的人。姥姥随着年龄的增加慢慢变得驼背，这显得她的身材更加娇小；卷曲的头发也从些许隐藏的白到了满头花白；弯弯的眼睛总是笑眯眯地看着我……

"快起床啦！面条马上就好了！"还在梦中的我正和同学在树下听鸟鸣呢，就这样被姥姥一声似歌非歌、似戏非戏的呼喊叫醒了。只听见厨房里传来"哗啦……哗啦"水流冲洗蔬菜的声音，我对姥姥说："好嘞！马上起床！"我使劲睁开眼睛要穿衣服，刚坐起来，姥姥却稳坐床边，说着："你做啥好梦呢？是不是带姥姥去旅游啦？哈哈！"哎呀，我的姥姥啊！都不知道怎么就那么矫捷轻快，明明刚刚水龙头还响着，就已经箭步飞奔到我床边了！我应声道："我带您去看星星！""当当当……"的切菜声响起来了，一并传来"好嘞！我等着啦！哈哈！"我快速洗漱来到餐厅，姥姥已将一大碗热气腾腾的面条端上桌来，我对姥姥说："以后我自己起床做饭就行，您多躺会儿，我能照顾自己。"姥姥轻轻地拿着筷子将几根面条小心地挑出来放到小碗里，又用手里的蒲扇轻轻扇着，她这是怕汤太热，还为我人工扇风呢！哎呀，我的姥姥啊！就是这样每天早晨精心地为我做着早饭，生怕我上学耽误时间。

有一次，我上学要出门了，姥姥坐在沙发上看电视呢，这时天气预报说今天会有冷空气到来，余音未落，姥姥就开始了她的"唠叨"功："天气预报很准的，你一定得多穿衣服……"我说："姥姥，现在还是夏天，就算来冷空气，也不用穿厚了！"可是姥姥拉起我的手说："不听老人言，吃亏在眼前……你不穿冷了怎么办？""姥姥，我要去上学了！"姥姥疼我，但时间也紧，我必须马上出发了，"姥姥，我带着一件就行啦！""你妈妈小时候……我都……""姥姥再见！"说完我马上出门飞奔去上学了。哎呀，你们是不知道啊，一会儿我姥姥就会把她们小时候挨冻、妈妈、舅舅小时候的事情又说起来。哈哈！这就是怕我冻着，怕我热着的姥姥啊！

姥姥对我的疼爱还体现在吃饭时，每次我们吃饭，姥姥总以各种理由让我多吃，不断为我夹菜。有一次，全家坐在一起吃饭，有一道叫"蜜汁鸡翅"的菜，当吃到快结束时，妈妈的碗里还有一块没吃完的鸡翅。姥姥瞅着妈妈，对她挤眼睛，妈妈以为是让她快吃，她刚要低头，姥姥的眼睛就眨啊眨啊，然后瞅瞅我，我瞅瞅妈妈，妈妈又瞅瞅姥姥，这时我们全家都笑了。姥姥把微笑挂在嘴角，眯起眼睛对妈妈说："你吃了不是只长肉吗？不如给长身体的孩子吃了吧！""哈哈哈哈，哈哈哈哈……"我们正笑着，姥姥飞速地把鸡翅从妈妈碗里夹到了我的碗中，还说着："你在长身体，还是你吃了吧！"看见了吧！这就是每天以长身体为理由，一直为我夹菜的姥姥。

世间还有谁能如此细心，如此疼爱我呢？世间风景美如画，姥姥爱我，我也爱她！哈哈哈！

思考与练习

1. 找一个写作话题，用思维导图帮助自己进行灵感激发。

2. 找一篇经典的文章，用思维导图梳理结构的方式，进行作文仿作的练习。

本章知识精华

灵感激发
结构搭建
修辞润色

写作

思维导图学语文

阅读理解

记叙文

说明文

学习总结

我的
收获

妈妈的
收获

第六章

用思维导图玩转英语

ENGLISH SPEAKING

重要度：★★★★

聚焦英语学科，基于小学课本内容，拓展英语学习方法，帮助同学们提高学习效率，学会举一反三。

学习英语，除了得下功夫，更重要的还是用对方法。

英语学习有非常多的规律，只要掌握了，就可以事半功倍。

合理使用思维导图法可以给英语学习带来巨大的帮助，比如单词归类记忆和语法的学习，都可以在思维导图法的帮助下变得容易很多。

学好思维导图，玩转英语不用愁！

月亮老师

让我们和英语老师月亮一起开始学习吧！

1 重点知识早复习

英语知识重在日积月累，对于平时上课时老师强调过的，或者课本中明确标注的重点内容，我们应该及时复习。

对于重点知识复习，我们要经过以下 4 个步骤。

1. 明确找出要复习的重点知识

寻找重点知识是有线索的，无论是什么版本的教材，在每个单元都会列出重点句型和词汇。

例如在课本中，就重点讲述了 should 的用法。

于是，我们就用 should 作为中心主题，进行思维导图的绘制，如下图所示。

2. "三分法"吃透英语知识点

一般情况下，我们可以把每一个英语知识点分成 3 个部分去理解和记忆："基本概念和用法""具体的操作和要求""常见的问题和易错点"。

所以，你的脑子里可以有下面这样一个通用的模板。

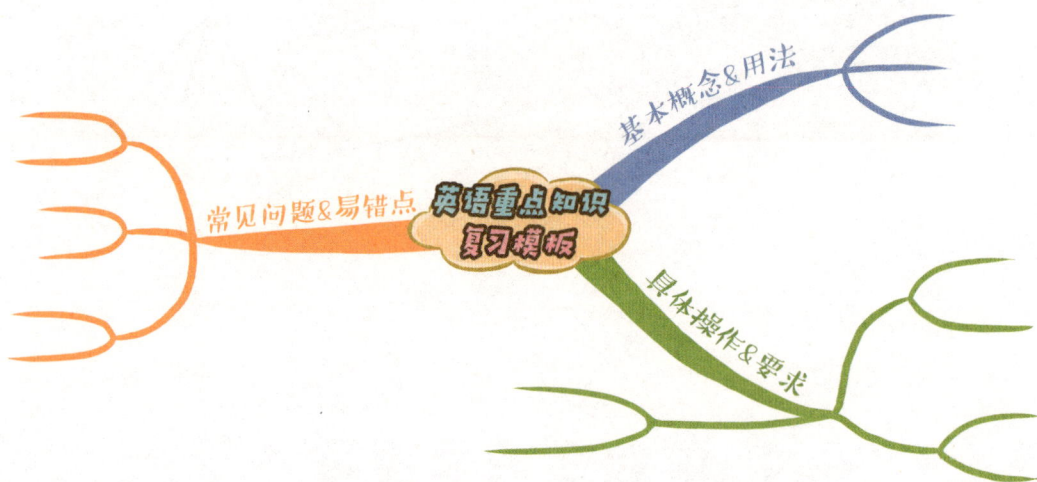

当然，也要根据每个知识点的不同，适当地增减或者拆分内容。

比如， should 的基本意思是"应当、应该"，结合课本中的句子，should 大多是在给人提建议或是征询别人的建议时使用的。

在课本中出现 should 的句子，有肯定句、否定句、特殊疑问句和一般疑问句。肯定句和否定句都是陈述句，一般疑问句和特殊疑问句都是疑问句。为了方便学习和记忆，我们可以将它分为"陈述句"和"疑问句"两大类。

这时就可以参照通用模板做一个变形，为 should 这个知识点确定 4 个主干，并用不同的颜色进行区分，如右图所示。

3. 细化主干知识点

当主干确定下来后，接下来要做的就是进行知识点细化。在细化过程中应注意"结构化思维"和"一线一词"。

（1）第一个主干——基本用法

当然，should 还有其他的用法，比如表示责任和义务，不过英语知识的学习是循序渐进的，目前的复习我们就聚焦在基本用法就可以了。同时，也请你思考一下，如果未来真的学到 should 表示责任和义务的用法时，你会怎样在现有的思维导图中添加相关信息呢？

（2）第二个主干——陈述句

注意： 例句选择时一定要选择"简单例句"，简单例句容易说明问题，可以帮助我们记忆句子结构，掌握了简单例句可以再生成复杂的句子。阅读中遇到了复杂的例句，也可以再回忆简单例句，从而快速分析句子结构，便于更好地理解。这一技巧适用于所有句式的学习和时态的学习。

所以，用思维导图做知识复习，不但要把当前的知识都理解和记住，还要注意去探寻规律！

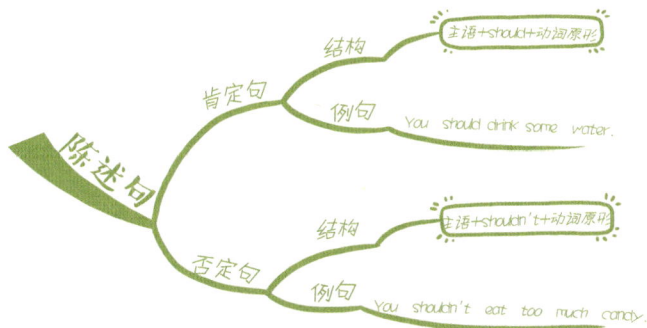

（3）第三个主干——疑问句

当我们用和"陈述句"同样的方法梳理出"疑问句"的知识点后，我们发现，一般疑问句的结构就是在肯定句的基础上把 should 提到句首，特殊疑问句就是在一般疑问句前面再加上特殊疑问词 what。原来这几个句型之间是有关联的，这时，我们就可以马上用思维导图中的"关联"进行表示，这样能更清晰地表现出它们之间的关系。

这时，我们就会好奇，那否定句和它们有没有什么关系呢？一观察，还真有！原来否定句就是肯定句中的 should 变成了 shouldn't。既然发现了，我们就赶紧在图中将它表示出来。

这就是通过思维导图这种可视化的方式，帮我们把知识梳理得越来越清晰的过程！

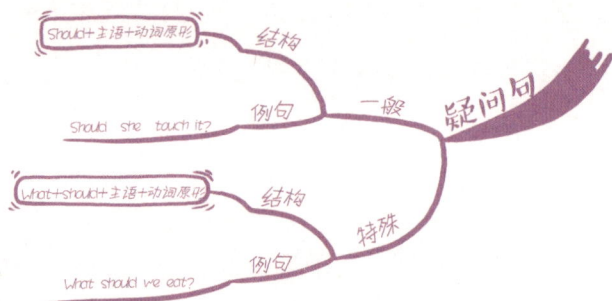

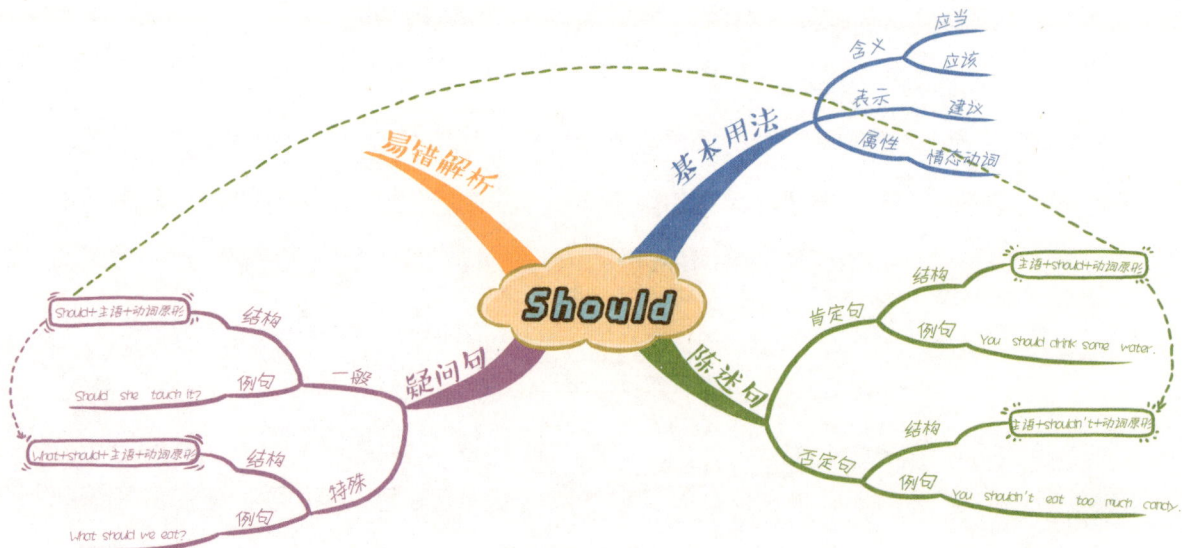

（4）最后一个主干——易错解析

我们回忆一下课本上和老师强调过的关于 should 的容易错的地方，然后梳理出来就可以了。

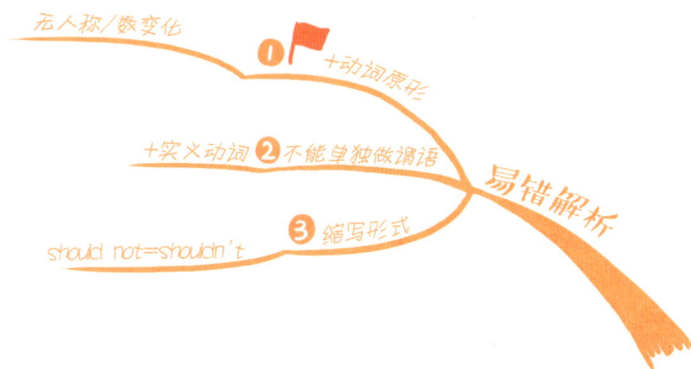

无人称/数变化
❶ +动词原形
+实义动词 ❷ 不能单独做谓语
❸ 缩写形式
should not=shouldn't
易错解析

4. 对于重点知识再更全面、系统地思考一下

看我们通过一步一步地梳理，画成的这张关于 should 的思维导图，是不是很清晰？你也很有成就感吧！在这里特别提醒你一点：英语中的所有要素都是联系在一起使用的，单词要放在句子中才有意义，语法是为准确表达服务的。

所以，关于 should 我们要再整体看一下，有没有哪些更深层的规律可以被我们发现呢？比如在右上方"基本用法"的主干里提到，should 的属性是"情态动词"；在左上方"易错解析"主干中提到，should 是不能单独做谓语的，这是由它"情态动词"这个属性决定的。所以，可以用"关联"来强化一下。在这里，我们就可以记住这个特性，未来在遇到其他情态动词时，就可以举一反三了，比如 can、might 等就可以一并掌握了！

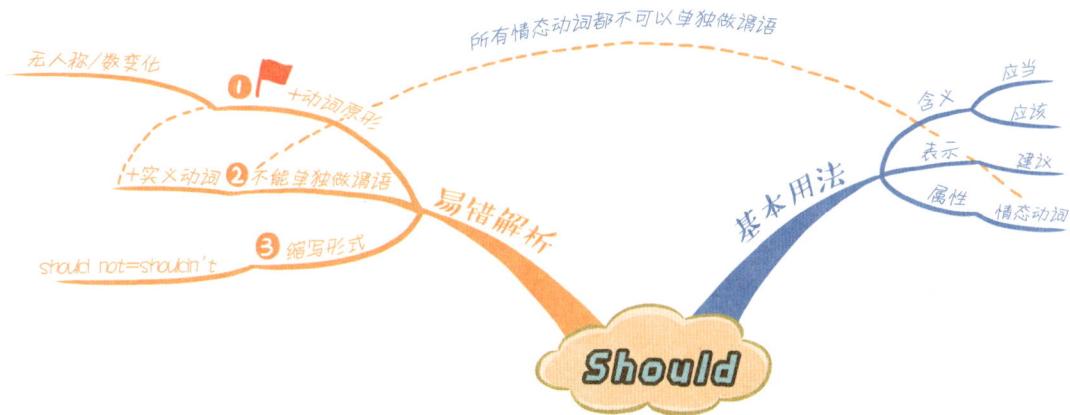

所有情态动词都不可以单独做谓语
无人称/数变化
❶ +动词原形
+实义动词 ❷ 不能单独做谓语
❸ 缩写形式
should not=shouldn't
易错解析

含义 应当
应该
表示 建议
属性 情态动词
基本用法

Should

用思维导图法帮助学习，最重要的就是帮助大家学会一种思维，可以随时将知识

在大脑中进行归类。

最后，我们再整体看一下关于 should 句型里面出现的所有动词必须是"动词原形"的知识点。这是重点中的重点，所以，可以在导图中通过加小图像或者小图标的方式表示，来起到强调的作用。

到这里，我们关于"should"这个单词的重点知识复习就做完了。我们得到了一张这样的思维导图，如下图所示。

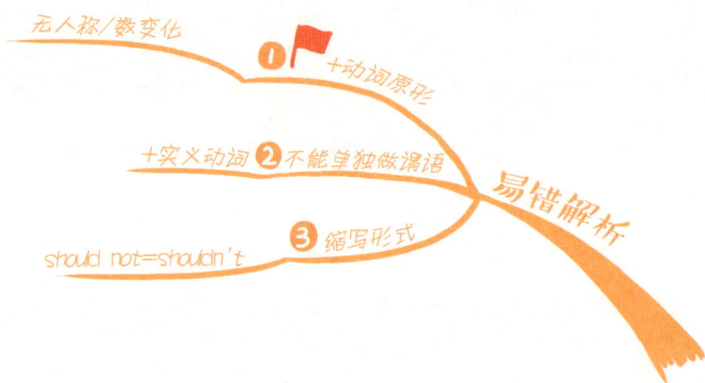

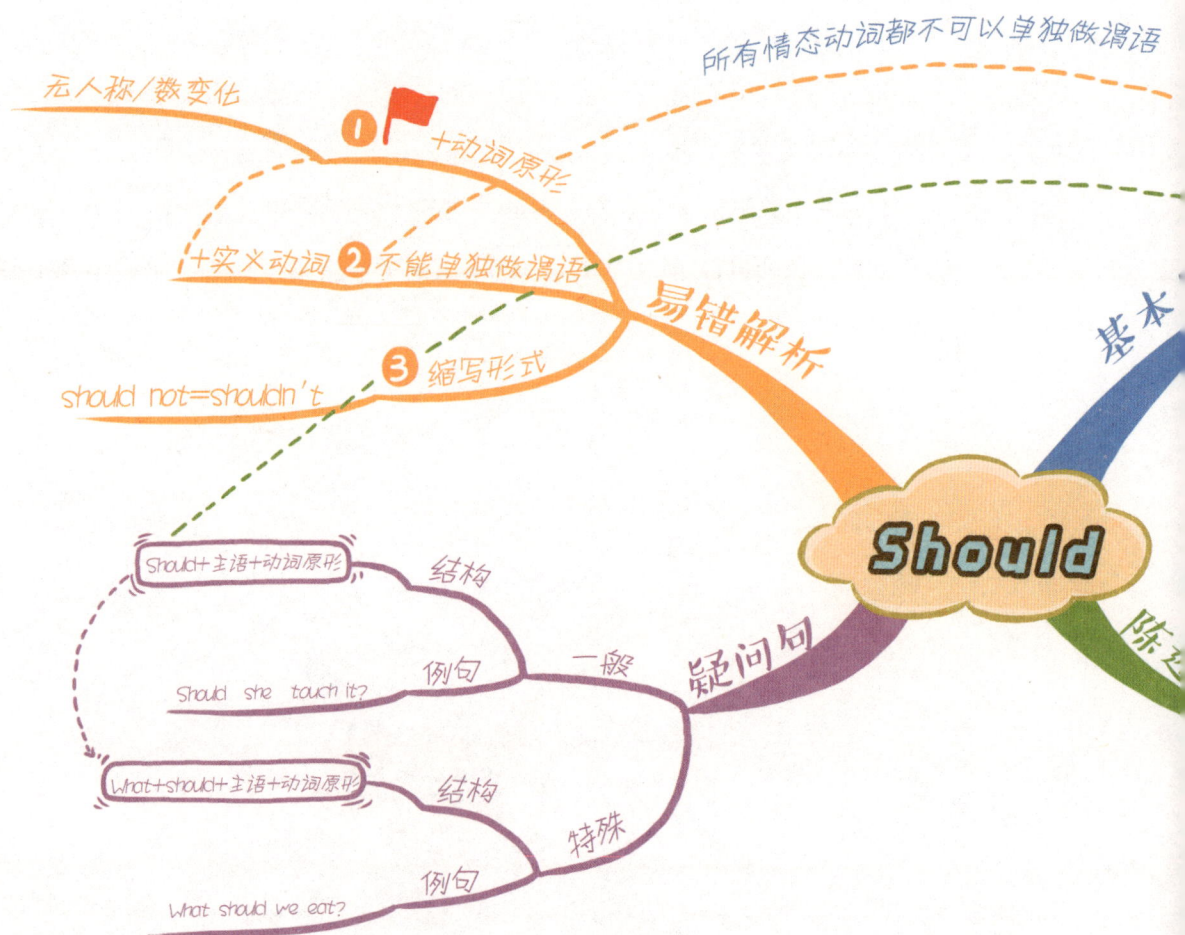

无人称/数变化
①+动词原形
+实义动词 ② 不能单独做谓语
should not=shouldn't ③ 缩写形式
易错解析

所有情态动词都不可以单独做谓语
无人称/数变化
①+动词原形
+实义动词 ② 不能单独做谓语
should not=shouldn't ③ 缩写形式
易错解析
基本
Should
陈述
Should+主语+动词原形 结构
Should she touch it? 例句
一般 疑问句
What+should+主语+动词原形 结构
特殊
What should we eat? 例句

这张思维导图做完之后，不是放在这里就不管了，未来我们可以拿出来反复复习。关于如何在考前有效复习，请参见第八章中的相关内容。

思考与练习

选一个重要的知识点，用思维导图帮助复习一下。

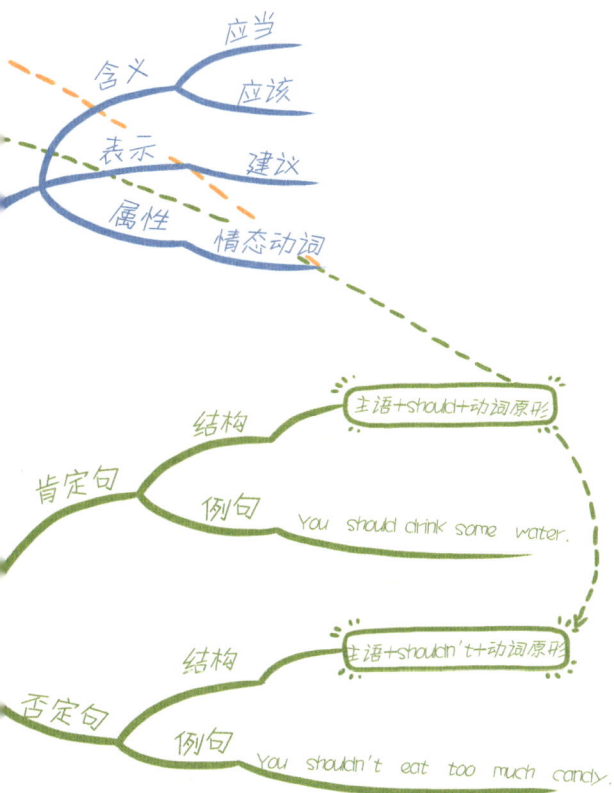

含义 —— 应当
       应该

表示 —— 建议

属性 —— 情态动词

肯定句 ——
  结构 —— 主语+should+动词原形
  例句 —— You should drink some water.

否定句 ——
  结构 —— 主语+shouldn't+动词原形
  例句 —— You shouldn't eat too much candy.

2　词汇记忆有方法

一、用自然拼读规则整理词汇

　　英语单词的学习分为 3 个维度：单词的音、形、意。由于英语是表音文字，所以音的学习一定是优先于形和意的。

　　Phonics 教学法，也就是自然拼读法，可以提升听力辨音能力、自主阅读能力，增强词汇学习能力，是孩子们学习英语的必备技能。元音的学习是自然拼读法的关键部分，因为所有字母及字母组合的拼读都是以元音连接的，长元音又是元音学习中的重点和难点。

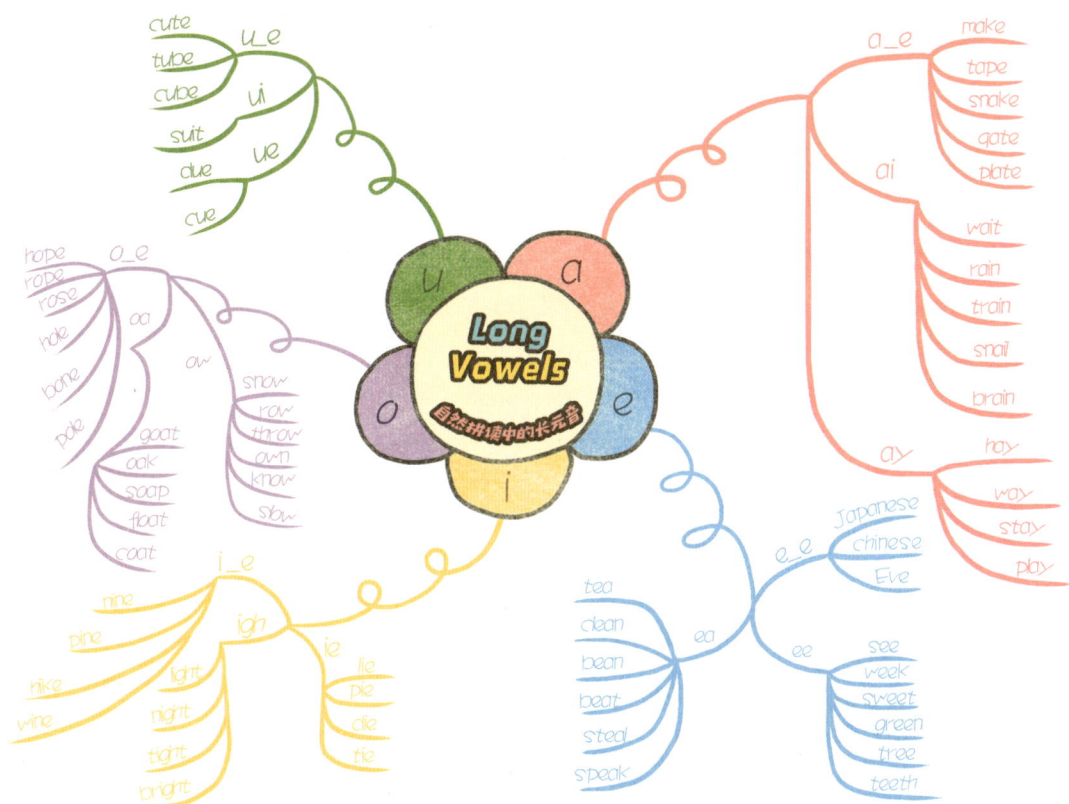

The mind map shows "Long Vowels 自然拼读中的长元音" at the center, with branches:

- **u**: u_e (cute, tube, cube), ui (suit), ue (due, cue)
- **a**: a_e (make, tape, snake, gate, plate), ai (wait, rain, train, snail, brain), ay (hay, way, stay, play)
- **e**: e_e (Japanese, Chinese, Eve), ea (tea, clean, bean, beat, steal, speak), ee (see, week, sweet, green, tree, teeth)
- **o**: o_e (hope, rope, rose, hole, bone, pole), oa (goat, oak, soap, float, coat), ow (snow, row, throw, own, know, slow)
- **i**: i_e (nine, pine, mike, vine), igh (light, night, tight, bright), ie (lie, pie, die, tie)

　　图中列举的双元音规律性较强，分支中的元音字母组合均与主干中的元音字母的字母名发音相同。

　　思维导图分类最大的特点就是要寻找规律，"Long Vowels 自然拼读中的长元音"这张思维导图，选取了英语中的 5 个元音字母 a、e、i、o、u 作为主干，二级分支上则是以每个元音字母为基础的双元音字母组合，并且这些字母组合的发音都与主干中的字母名发音相同。

　　我们可以想象，a_e、ai、ay 都是"住在 a 房子里的一家人"，发音都是 /ei/；e_e、ee、ea 都是"住在 e 房子里的一家人"，发音就都是 /i:/，注意是长音哟。以此类推，i、o、u 也都有他们的"家庭"。

　　这样我们就能够通过一张思维导图记住 15 个字母组合的发音，并且在单词朗读和拼写的时候正确使用了。

　　另外，每一个二级分支里是不是有相同点呢？

对啦，那就是神奇的字母 e，我们发现 a_e、e_e、i_e、o_e、u_e，分别出现在了所有主干的二级分支当中，a_e 中间的空格我们读作"space"（空间），space 是可以用字母替换的，例如 make、take、tape 等。

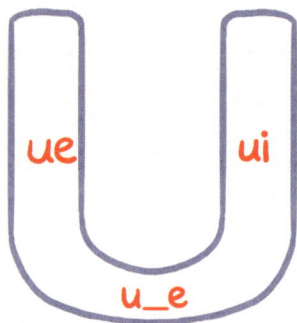

小贴士

1. 英语中大约 80% 以上的单词都符合自然拼读法的拼读规则，同时，自然拼读法中字母发音规律也很多。学习初期，大家不应要求多，而应要求精，每个字母的发音规律都要反复练习、精准掌握，在任何不同的单词里进行拼读时都能够快速反应，从而形成直觉音感，为今后的流利阅读和快速阅读做准备。大家可以在这个过程中反复使用思维导图，帮助梳理发音规律，同时更加可以将它作为练习的工具。

2. 在自然拼读法的学习过程中，英语常见字（sight words）的学习必不可少。常用的英语常见字大概只有 220 个，但在阅读中它们出现的频率极高。掌握自然拼读法和英语常见字，才能打好英语自主阅读的基础。

3. 选择阅读优质的自然拼读法学习绘本，并对绘本进行反复阅读。这样做的目的是在绘本场景中巩固对自然拼读法的掌握。

二、用词根词缀法记忆单词

"词根词缀法"已经被证明是高效记忆单词的方法之一。

随着词汇量的增多和理解能力的加强，"词根词缀法"能更好地帮助我们寻找单词之间的联系，用已经熟知的单词带动记忆未知的新单词，甚至用组块来记忆单词，大大提高单词记忆的效率。

下面用思维导图整理一下比较常见的词根、词缀。

① dis 表示**不**，like 表示喜欢，因此 dislike 表示不喜欢；agree 表示同意，因此 disagree 表示不同意；appear 表示出现，因此 disappear 表示消失。

② mis 表示**错误，坏**，mistake 表示错误，misuse 表示误用、滥用，mislead 表示误导。

③ pre 表示**前的、预先**，preview 表示预习，prehistory 表示史前，preschool 表示学前的。

④ re 表示**再一次，重新**，review 表示复习，rebuild 表示重建，restart 表示重启。

⑤ un 表示**不、无、非**，unhappy 表示不高兴，unlucky 表示不幸运，unusual 表示不寻常的。

⑥ able 是形容词后缀，表示**可……的，能**，countable 表示可数的，eatable

表示可食用的，loveable 表示可爱的、惹人爱的。

⑦ ful 是后缀，表示**充满**，peaceful 表示和平的，wonderful 表示奇妙的、极好的，spoonful 表示一匙的量。

⑧ less 是后缀，表示**缺乏**，careless 表示粗心的（不小心的），homeless 表示无家可归的，endless 表示无止境的。

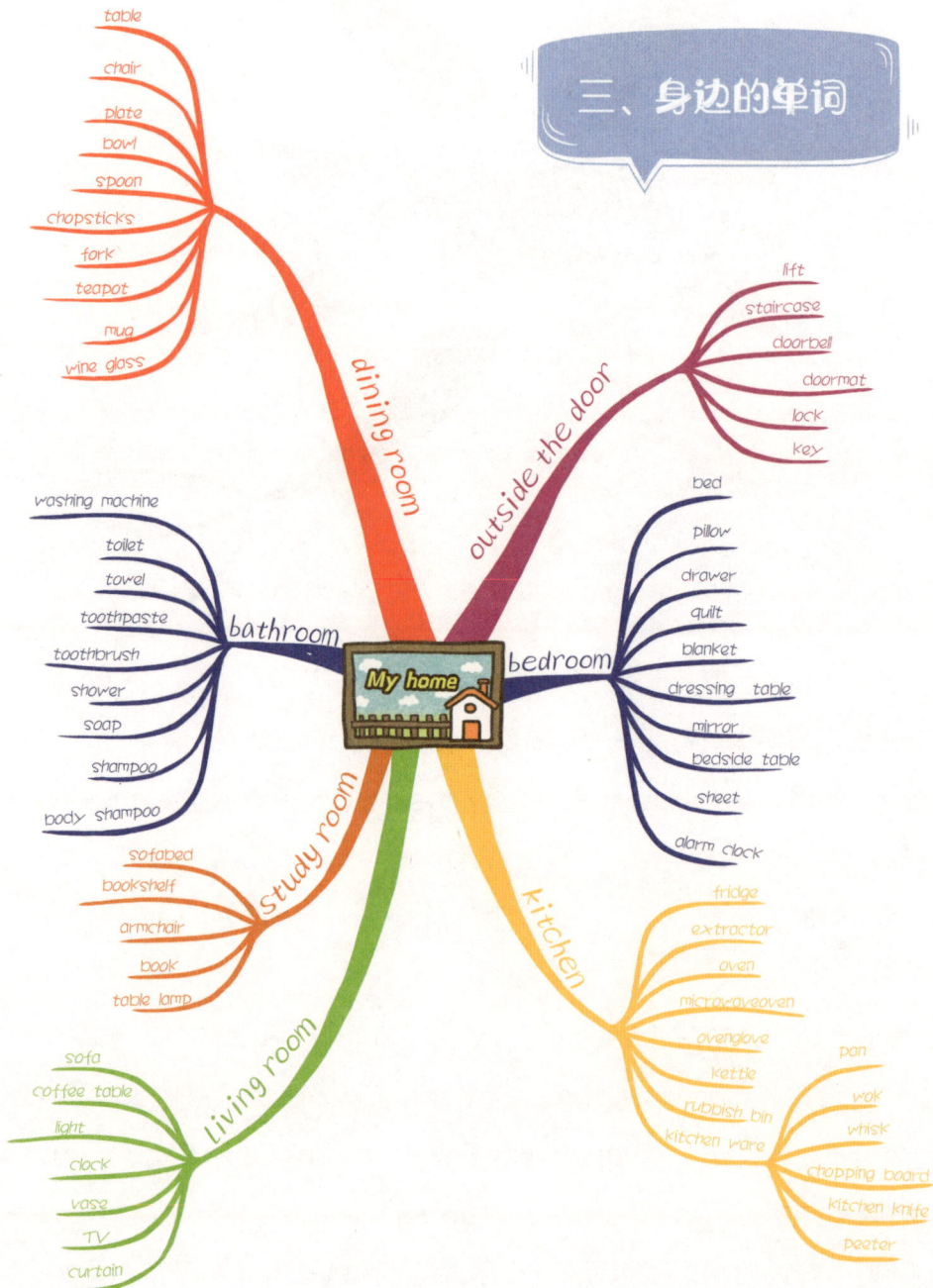

三、身边的单词

My home

dining room
- table
- chair
- plate
- bowl
- spoon
- chopsticks
- fork
- teapot
- mug
- wine glass

outside the door
- lift
- staircase
- doorbell
- doormat
- lock
- key

bathroom
- washing machine
- toilet
- towel
- toothpaste
- toothbrush
- shower
- soap
- shampoo
- body shampoo

bedroom
- bed
- pillow
- drawer
- quilt
- blanket
- dressing table
- mirror
- bedside table
- sheet
- alarm clock

Study room
- sofabed
- bookshelf
- armchair
- book
- table lamp

Living room
- sofa
- coffee table
- light
- clock
- vase
- TV
- curtain

kitchen
- fridge
- extractor
- oven
- microwaveoven
- ovenglove
- kettle
- rubbish bin
- kitchen ware
  - pan
  - wok
  - whisk
  - chopping board
  - kitchen knife
  - peeter

语言与情景的对应是英语学习中非常重要的环节。在生活中时刻留意身边环境中的英语，并不断进行归类，是最有效的单词积累方式之一。

上图是对我们最熟悉的环境——"家"所进行的"身边的单词"整理。outside the door（门外）、bedroom（卧室）、kitchen（厨房）、living room（客厅）、study room（书房）、bathroom（卫生间）、dining room（餐厅）这几个空间构成思维导图的主干，每个空间里面的物品构成分支。有了这张图，我们在家中看到相应物品的时候就会不断复习英语单词，情境与语言对应。在情境下应用语言，才是我们学习语言的本质目的。

四、词汇整理助力写作和表达

我们平时经常有这样的困惑，无论是口语交流还是英语写作，只会用那几个词和那几句话，想不出其他可用的。词汇是表达的基础，我们总是担心词汇量少。其实在小学课本里就有很多单词，只是没有经过整理和归类，所以在需要时很难快速调取。

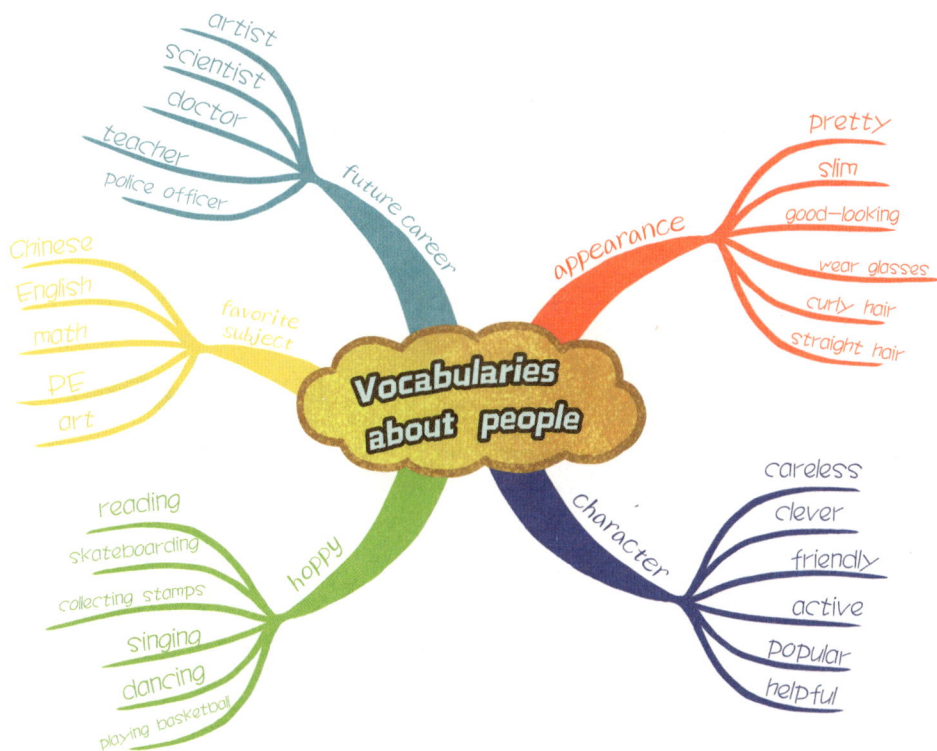

future career: artist, scientist, doctor, teacher, police officer

appearance: pretty, slim, good-looking, wear glasses, curly hair, straight hair

favorite subject: Chinese, English, math, PE, art

Vocabularies about people

character: careless, clever, friendly, active, popular, helpful

hobby: reading, skateboarding, collecting stamps, singing, dancing, playing basketball

这张思维导图选择的中心主题是描绘人物的词汇，首先考虑：我们可以从哪些方面来描绘一个人呢？这里选择了外貌、性格、爱好、喜欢的学科、将来想要从事的职业。在这些分类下，再来写出相应的词，是不是很简单呢？同学们可以试试从这几个方面来描述身边的朋友或者同学。

经过思维导图结构化的梳理，我们发现不仅可以用于描述人物的类别多了，词汇也非常丰富，现在不用担心你跟其他人的表达雷同，也不用担心"无话可说"了。

小贴士

1. 在刚开始总结词汇的时候，不要求多、求难，以学习过的词汇为基础，这样就比较容易找到成就感。慢慢可以适当增加想表达却不会表达的词汇，通过查字典的方式添加新词汇，但切忌在一张思维导图中增加太多的新词汇，以3～5个为宜。

2. 每画完一张思维导图就保存起来，并且有规律地进行复习，在口语表达和写作的时候，可以拿出相应主题的思维导图进行辅助，选择其中的词汇运用即可。

3. 对词汇进行归纳总结，要突出词汇的丰富性，不要单纯为了实现思维导图法的最后一步而去机械地找关联，把思维导图作为工具来使用才是最重要的。

思考与练习

找到一种规律，用思维导图整理一些学过的单词。

3 语法知识巧梳理

复杂的语法一直都是大家学习英语过程中碰到的"难啃的硬骨头"。而语法本身就可以被当作为英语非母语国家的英语学习者梳理的语言规律，用思维导图进行语法的规律梳理有助于帮助大家打下坚实的语法基础。

一、时间介词

请将介词 at/in/on 分别填入以下空格中。

1. I like getting up early _____ the morning.

2. Are you doing anything _____ Saturday morning?

3. We will have dinner together _____ my birthday.

4. I usually get up _____ 6:30 am _____ winter.

看完这些题，你是不是已经彻底蒙了，既感到"似曾相识"又觉得哪个都不能确定？

不要紧，接下来月亮老师带你用一张图搞定时间介词。

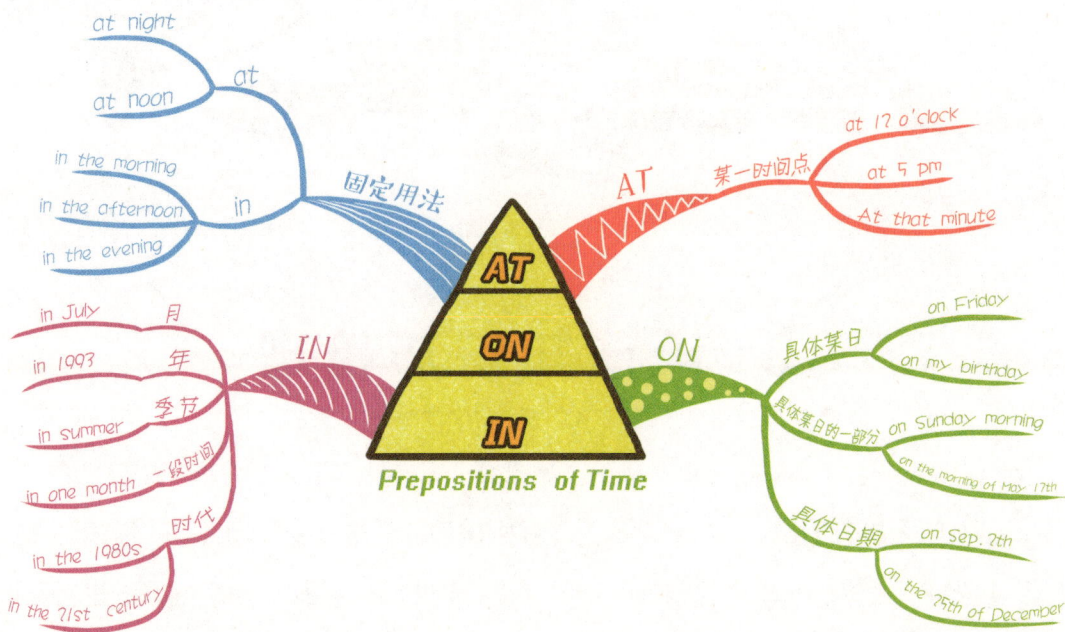

at night
at noon
at
in the morning
in the afternoon
in
固定用法
in the evening

AT
某一时间点
at 17 o'clock
at 5 pm
At that minute

in July   月
in 1993   年
IN
in summer   季节
in one month 一段时间
in the 1980s 时代
in the 21st century

ON
具体某日
on Friday
on my birthday
具体某日的一部分 on Sunday morning
on the morning of May 17th
具体日期
on Sep. 7th
on the 25th of December

AT ON IN

Prepositions of Time

首先，从时间跨度上来讲，at < on < in，现在我们一个一个来突破。

1. at 通常后面跟的是具体的时间点

I get up at 6 o'clock.

The class begins at 9:45.

2. on 一般搭配具体的日子

星期几：We usually eat out on Sunday.

具体日期：My birthday is on May 17th.

3. in 后则多是跟一个时间段

月份：The exam is in July.

季节：We go to the beach in summer.

年份：He was born in 1965.

一段时间：He finished it in three months.

一个时代：We are living in the 21st century.

4. 固定搭配

at noon/ night

in the morning/ afternoon/ evening

但当这些名词有具体的日子做前缀时，介词则用 on，如：on Wednesday evening.

通过一张思维导图，我们将时间介词的用法进行了归类，并且针对每个类别进行了举例。

现在，大家有没有充分了解时间介词 at/in/on 的用法呢？

好了，再试试刚才的题目吧。

请将介词 at/in/on 分别填入以下空格中。

1. I like getting up early _____in_____ the morning. ◯
2. Are you doing anything _____on_____ Saturday morning? ◯
3. We will have dinner together _____on_____ my birthday. ◯
4. I usually get up _____at_____ 6:30 am _____in_____ winter. ◯

现在是不是轻松多了呢？

在单、复数的学习中，中文和英语有很大的不同，中文的复数多体现在量词中，而英语则需要在单词本身体现出来，同时有很多特殊的情况，这就造成了中国人学习英语的障碍。好在这些障碍可以通过总结规律来克服。思维导图是非常棒的寻找规律的工具，通过可视化的呈现方式，进行不断复习和总结，就能够把握这些烦琐的名词复数形式了。

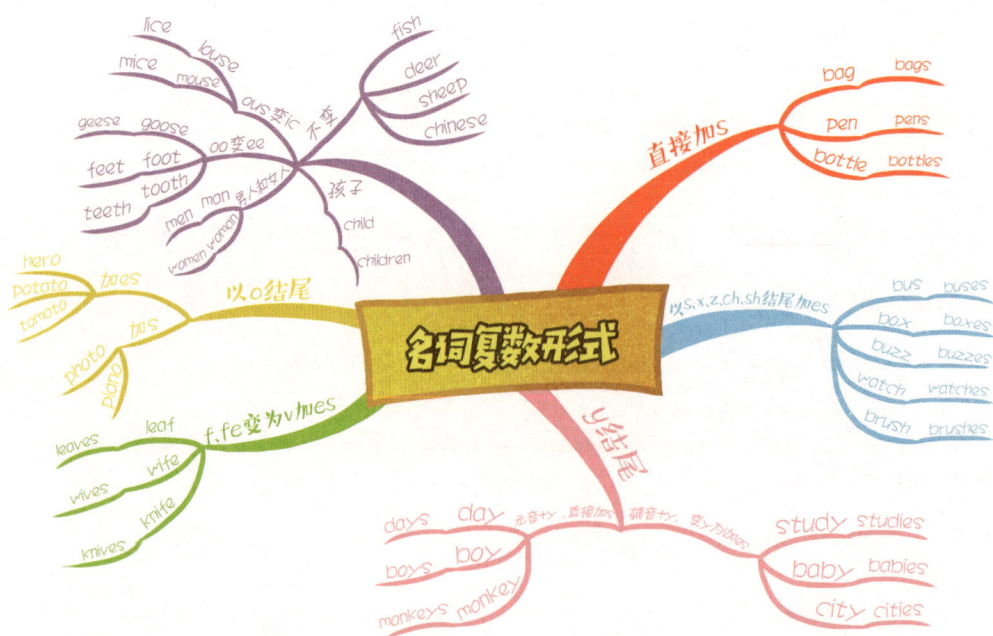

1. 一般情况下，直接加 s

如：bottle-bottles，classmate-classmates，snake-snakes，spider-spiders，stone-stones。

2. 以 s、x、z、ch、sh 结尾的名词，加 es

如：bus-buses, fox-foxes，watch-watches，dish-dishes 等。在这个主干的分支中，类别稍显复杂，综合一下共有 5 种情况：s、x、z、ch、sh。我们可以通过一个口诀来记住："z"先生"s"（s 代表 sir）喝了一瓶"xo"，回到家大声说话，他的妻子说孩子睡了小声点"sh"，以后喝多了不要回来，鄙视的语气"ch"。

3. 以 y 结尾的单词分为两种情况

① 以元音字母 +y 结尾的名词，直接加 s，如：boy-boys, day-days, monkey-monkeys。

② 以辅音字母 +y 结尾的名词，变 y 为 i 加 es，如：city-cities, family-families, strawberry-strawberries。

4. 以 f 或 fe 结尾的名词，变 f 或 fe 为 v 加 es

如：wife-wives, knife-knives, wolf-wolves。这 3 个词可以用一个口诀来记忆——"妻子"拿着"小刀"杀了"狼"。

5. 以 "o" 结尾的名词分为两种情况

① 有生命的，加 es，如：potato-potatoes, tomato-tomatoes, hero-heroes。

② 无生命的，加 s，如：photo-photos, piano-pianos。

6. 不规则变化

① 将 "oo" 改为 "ee" 的名词，如：tooth-teeth, foot-feet, goose-geese。这个部分我们可以用一个口诀来记忆：大鹅的脚和牙齿都很特殊。

② ous 特殊变化：mouse-mice，louse-lice。

③ 关于男人和女人的变化：man-men, woman-women。

延伸：policeman-policemen, policewoman-policewomen。

④ 关于孩子的特殊变化：child-children。

⑤ 不变，即单复同形的名词：fish-fish（注意：此时 fish 当"同类鱼的很多条"讲，如果表示很多种鱼就是 fishes)，sheep-sheep, deer-deer, Chinese-Chinese。

三、时态学习

语法学习中，时态是个"老大难"，老师"讲了一遍又一遍"，学生"错了一片又一片"。

运用思维导图将杂乱的语法进行梳理，可以帮助我们快速将大脑中的信息有规律地调动出来，画图的过程就是思考的过程，也是复习和查漏补缺的过程，可以激发学生主动学习的热情，增强学习的自信心和成就感。

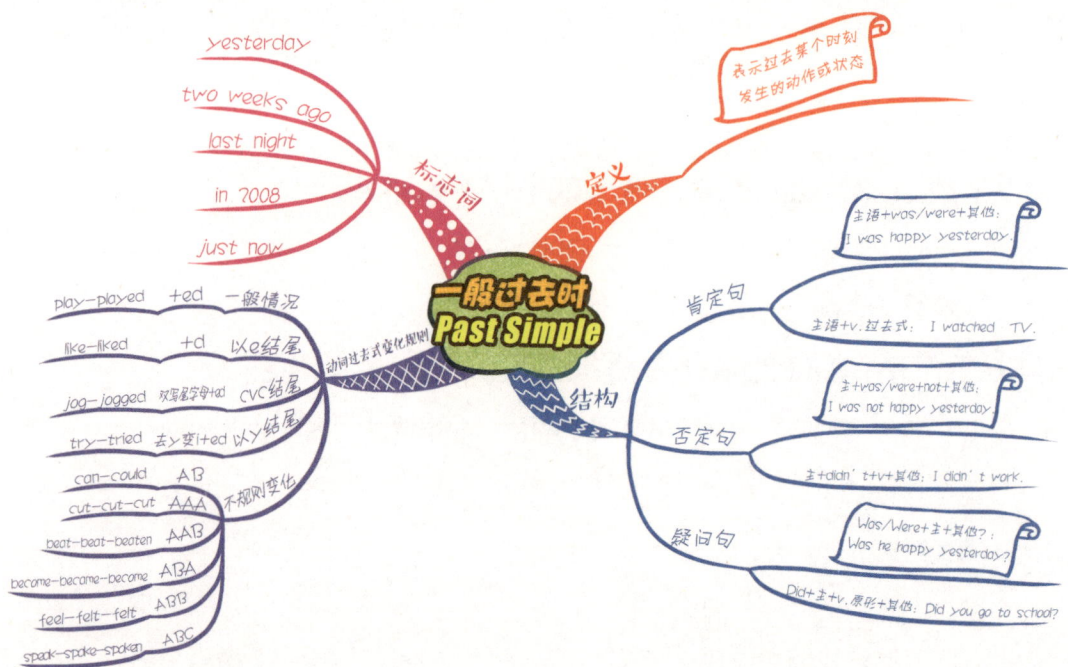

1. 本图中心词为"一般过去时"，大约会在小学四年级学到

一般过去时的相关知识点分为定义、结构、动词过去式变化规则、标志词 4 个方面。在英语语法中，"时"指动作发生的时间，"态"指动作的样子和状态。

2. 第一个主干是一般过去时的定义

一般过去时表示过去某个时刻发生的动作或状态，也表示过去习惯性、经常性的动作、行为。但为避免在小学阶段的孩子的知识超纲，此处未做过多的体现。

3. 第二个主干是一般过去时的结构，这是非常重要的部分

（1）肯定句

① 主语 +was/were+ 其他。

例句：I was happy yesterday.

② 主语 + 动词过去式 + 其他。

例句：I watched TV.

（2）否定句

① 主语 +was/were+ not + 其他。

例句：I was not happy yesterday.

② 主语 + didn't + 动词原形 + 其他。

例句：I didn't work.

（3）一般疑问句

① Was/Were+ 主语 + 其他？

例句：Was he happy yesterday?

② Did+ 主语 + 动词原形 + 其他?

例句：Did you go to school?

4. 第三个主干是动词过去式变化规则

动词过去式变化规则中常见的有 5 种情况：一般情况、以 e 结尾的、以辅音字母 +y 结尾的、以 CVC 结尾的（一个辅音字母 + 一个元音字母 + 辅音字母）以及不规则变化。具体例词可参考思维导图。

5. 第四个主干是过去式的标志词

标志词其实是时间状语，在时态学习中标志词有妙用，我们可以通过标志词来很快判断这是哪个时态。图中列举了 yesterday，last night (week、Sunday、weekend、month、winter、year、century)，two weeks ago（one day ago、two months ago、three years ago），in 2008，just now。熟练使用标志词，你可以在时态学习中事半功倍!

小贴士

开始的时候，如果对于分类没有概念，可以先进行某一个时态的分类（可参考一般过去时的思维导图），之后再独立完成其他时态的分类。循序渐进，积累几张图之后，可以将所有已经学过的时态集合在一张大图中，之后通过找关联来进行对比分析，这样会有进一步的收获，在时态使用中也不易混淆。

用思维导图对你学过的一些语法知识进行梳理。

4 英语写作有妙招

英语写作，从来都不需要"重打鼓，另开张"。尤其是在中小学阶段，"仿写"才是英语写作最重要的训练方法。而"仿写"最好的素材来源就是我们的"课本"。

1. 明确写作主题

中小学课本中每一个单元本身都有一个主题，以"Special days"为例，其内容是讨论各种节日。

针对这样的单元题目，我们稍微做一下变形，就可以得到很多不错的作文题目。

比如 My special day，My favorite Day，My holiday 等。其实，老师在平时上课时也喜欢让学生把单元主题作为作文题目进行练习。

这样，我们选择好一个题目，作为中心主题在纸的正中间画好。

My Favorite Festival

2. 确定英语写作要素

英语写作一般在小学阶段是采用"总—分—总"或者"总—分"的结构。

这就是英语写作的通用模板，那么模板中的内容要怎么填充完整呢？

别着急，我们将这个模板带入课文看看能够发现什么。

课本的单元设置内容是非常有规律的，人教版的课本是按照听、说、读、写4个方面层层推进的，最后加上两个板块：自然拼读教学和扩展阅读英语故事。

这里，我们可以从"读"的部分来寻找线索。

New Year's Day is a day for a party. People start the party on December 31st. Then at 12 o'clock they say "hello" to the new year together.

Another special day is Children's Day. On this day, many people give presents to children. Children like to play games and have fun. It's a great day!

On Teachers' Day, children say "thank you" to their teachers. They also help to clean the teachers' offices.

Dads work very hard for their families. Children can thank their fathers on Father's Day. Some children make cards for their fathers.

Mothers are very special, too. Children can show their love to their mothers on Mother's Day. They can make breakfast for them, or help them do chores.

Christmas is a special day in Western countries for all the family. People give presents to their friends and family. Many people put Christmas trees in their homes, too.

这篇文章一股脑儿介绍了好几个节日，我们把每个自然段都看成是一篇小短文，就可以筛选出两个非常适合作为开篇描述的句子。

New Year's Day is a day for a party.

Christmas is a special day in Western countries for all the family.

下面我们再来看几篇介绍不同节日的课文。

课文一

The Dragon Boat Festival is a special Chinese festival. On this day, people remember Qu Yuan, a famous Chinese poet. Everyone eats zongzi. In the south of China some people have races in big boats, called Dragon Boats.

课文二

Halloween is on October 31st each year. It is a special festival in western countries. Children like to wear costumes on this day. They sometimes dress up like monsters or famous people. They go to people's houses to ask for candy.

课文三

It is the most important holiday for us. All our family get together and eat special food, like roast turkey. We also give each other presents. In Australia, Christmas is in the summer, and we often go to the beach!

课文四

This week we are going to have a very special day. I'm not going to go to school—it's a holiday. I'm going to meet my friends in the park and we're going to play many games. In the evening, I'm going to eat ice cream.

课文五

<mark>Father's Day is a special day for everyone!</mark> It's on the third Sunday in June. On this Father's Day, I am going to do some special things for my father. I am going to buy a present for him. I am going to do some chores for him. I also want to play football with him.

　　这几篇课文的开头，也是非常适合用作开篇描述的句子，可以用彩色笔把这几句话标记出来。通过这些例子，我们可以简单总结一下，写关于节日的文章开篇可以围绕着两个关键点展开："节日的简单介绍"和"节日的具体时间"。

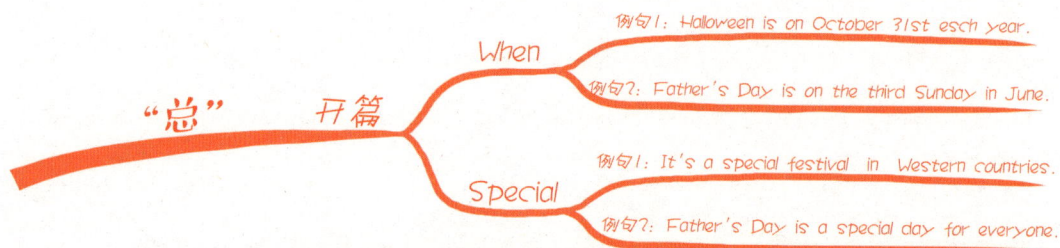

"总"　开篇
When
　例句1: Halloween is on October 31st each year.
　例句2: Father's Day is on the third Sunday in June.
Special
　例句1: It's a special festival in Western countries.
　例句2: Father's Day is a special day for everyone.

　　搞定了开篇，下面来看一下主体内容的写法，也就是写作结构中"分"的部分应该怎样呈现。

　　再次回顾上面列举的几篇课文，我们不难发现"分"的部分基本都是"节日中所做的事情"。如果再做一下详细分类，就是"吃"、"穿"和"活动"。

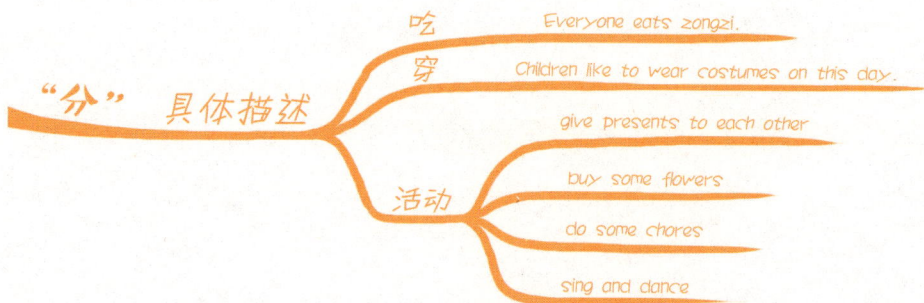

"分"　具体描述
吃　Everyone eats zongzi.
穿　Children like to wear costumes on this day.
活动
　give presents to each other
　buy some flowers
　do some chores
　sing and dance

　　现在按照咱们的写作思路，把"总"——开篇描述和"分"——节日中所做的事情按部就班地写出来，一篇关于节日的英语作文就诞生了！用思维导图法梳理写作结构是不是很实用呢？

在熟练掌握"总—分"结构后，你就可以开始尝试运用 "总—分—总" 的结构了。其实"总—分—总" 的结构也很简单，最后的"总"一般会用一句简单的话来概括，比如你的感受。

了解了这一点后，我们可以进一步完善我们的写作模板，把最后一部分的"总"也加上。

英语和语文一样，要想写出好文章，也得平时多积累好词好句。比如，我们可以多多积累学过的表达心情的词汇：happy、excited、bored、wonderful……这些将来在你写作的时候都可以用到，说不定还能帮你写出一个精彩的文章结尾呢！

纵观小学阶段英语写作的整体思路，其实非常简单，只需要参照这个思维导图模板，然后认真地在课文中寻找线索，写作就不难了。

范文

My Favorite Festival

Halloween is my favorite festival. It's on October 31st. I like to play the game "trick or treat" with my friends on Halloween. We usually dress up like monsters or famous people, my favorite role is Captain America. We go to people's house to ask for candy. We eat pumpkin pie and make pumpkin lantern on that day. Everyone is excited on Halloween, it's a special day in Western countries.

思考与练习

选一个主题，先用思维导图梳理出结构，再进行一个英语写作的练习。

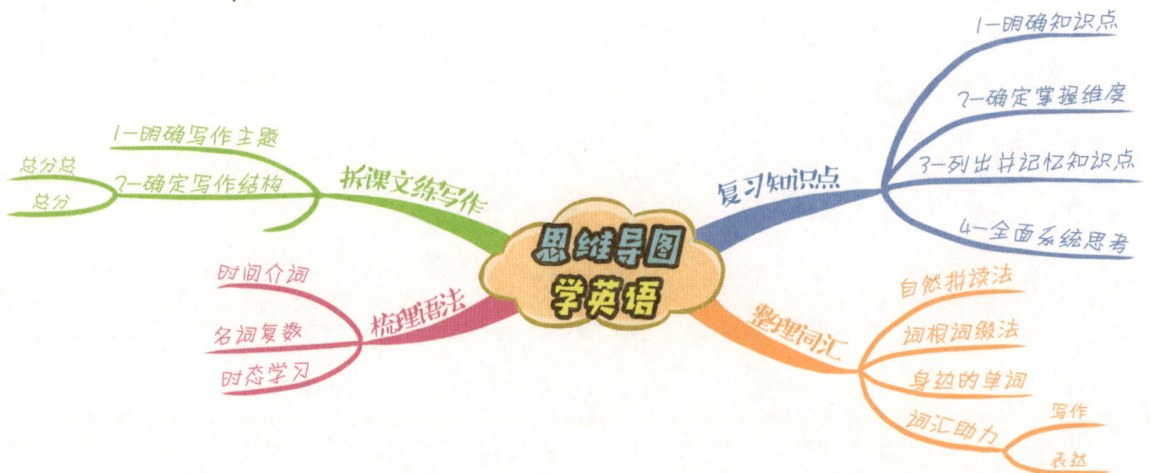

本章知识精华

- 思维导图学英语
  - 拆课文练写作
    - 1—明确写作主题
    - 2—确定写作结构
      - 总分总
      - 总分
  - 梳理语法
    - 时间介词
    - 名词复数
    - 时态学习
  - 复习知识点
    - 1—明确知识点
    - 2—确定掌握维度
    - 3—列出并记忆知识点
    - 4—全面系统思考
  - 整理词汇
    - 自然拼读法
    - 词根词缀法
    - 身边的单词
    - 词汇助力
      - 写作
      - 表达

学习总结

我的收获

妈妈的收获

第七章

用思维导图征服数学

重要度：★★★★

聚焦数学学科，结合小学课本内容，进行典型案例应用分析，帮助同学们掌握独立自主思考的学习方法。

数学这个学科最大的特点就是知识点抽象，特别需要同学们运用好自己的逻辑思维，而思维导图在这方面刚好可以大展身手。

很多同学到了初、高中以后，学习数理化时会感觉到吃力，其实很大一部分原因是这些同学小学数学的基础没有打好，这非常可惜。所以，同学们一定要对小学数学的学习重视起来，因为这不但是为后续的学习打基础，更是对自己综合素质的培养与锻炼。

进入小学高年级，随着知识积累越来越多，等待大家的题目也会越来越复杂。这时候，平时对知识点的梳理、对一些常见题型的归类整理和解题思路分析就变得越发重要了。在这一章里，我会带你用思维导图法来解决小学数学学习中的两大类问题："知识梳理"和"题型归类"。学习了本章以后，你会明显体会到思路清晰的感觉！

1　知识点分类整理

要学好数学，首先要掌握大量的基础知识。在此基础上，才能灵活应用这些知识来解题。所以，对基础知识的理解和记忆在数学学习上至关重要。

接下来我要教大家 3 个整理知识点的有效方法——"描绘知识地图法"、"吃透知识点法"和"知识分类记忆法"。

一、描绘知识地图法

看到"地图"这个词你会想到什么？你都在什么情况下用到地图，是不是在寻找或定位某一个地点的时候？

其实，学习知识和用地图找某个地点的感觉特别像。

比如，在找地点时，你要知道你找的地点是在东边还是西边，通往这个目的地的路线是什么 。

换到学习中就是，我们要先了解某个知识体系的全貌，然后知道某一个知识点具体在什么位置。

只有梳理出这样的知识地图，我们才能快速导航和定位具体的知识点。

这个动作可以在预习时做，也可以在复习时做，通常在复习时做会更加顺利。随着知识的积累，你的知识地图也会越来越完善。

下面举两个例子。

关于"数与代数"部分的学习，我们就可以整理出这样的知识地图。

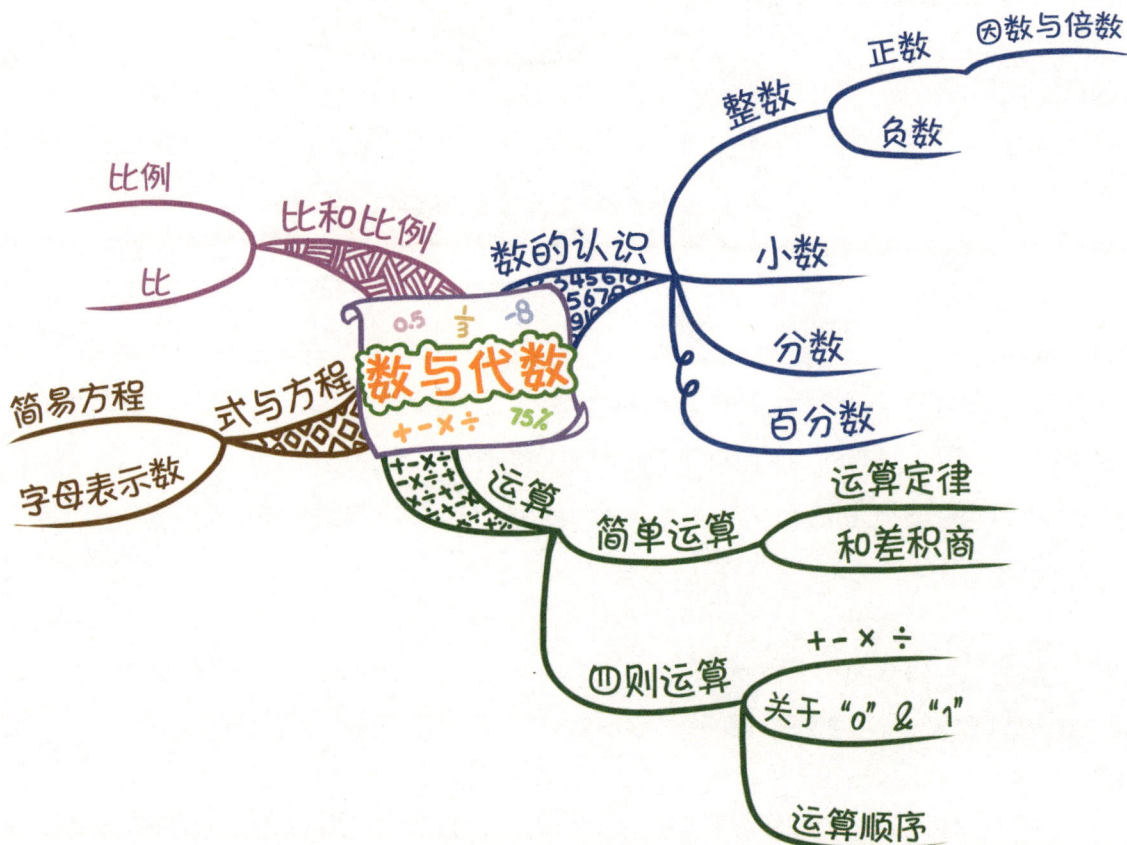

关于"图形与几何"部分的学习，我们可以整理出一张这样的知识地图。

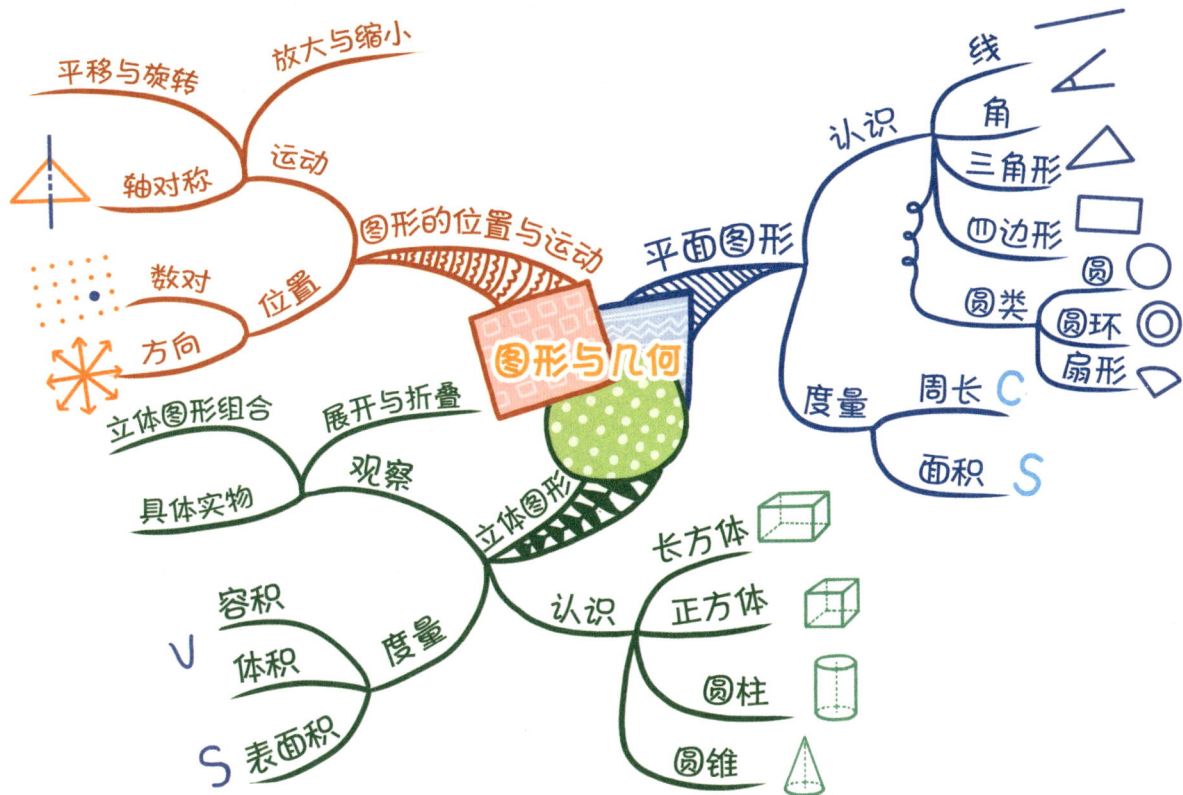

通过看上面两张知识地图，可以快速了解某一类知识的全貌，并且一目了然，你应该会有一种在看地图的感觉吧！你也可以自己拿着课本，对某个单元的内容甚至某册书的内容做一个知识地图的梳理。

二、吃透知识点法

这里面要吃透的是什么知识点呢？怎么吃透呢？这里所指的知识点就是学习过程中遇到的 "重点"、"难点"和"易错点"，这些都可以用思维导图透彻地进行梳理。绘制思维导图，能达到帮助我们对知识点进行更好的理解和记忆的目的。

下面举两个例子。

比如，在学习分数部分时，关于"分数的大小"是学习中的一个重点，那么我们就可以专门针对这个部分梳理出一张思维导图，通过这张图，我们就基本可以把关于"分数的大小"的知识研究透彻了。

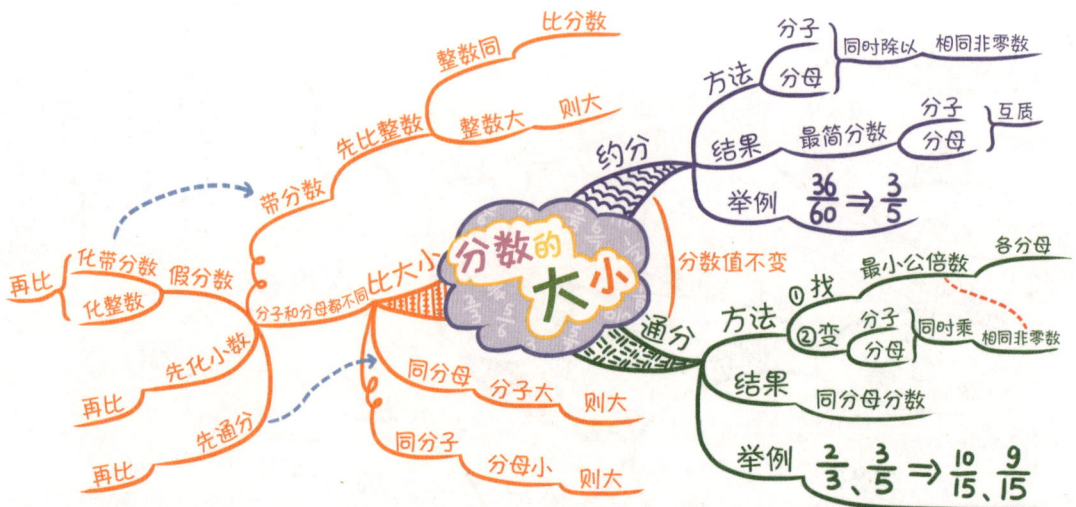

再比如，关于"立体图形的度量"我们也可以集中梳理一下，这样关于立体图形的所有计算基本就可以搞清楚了。

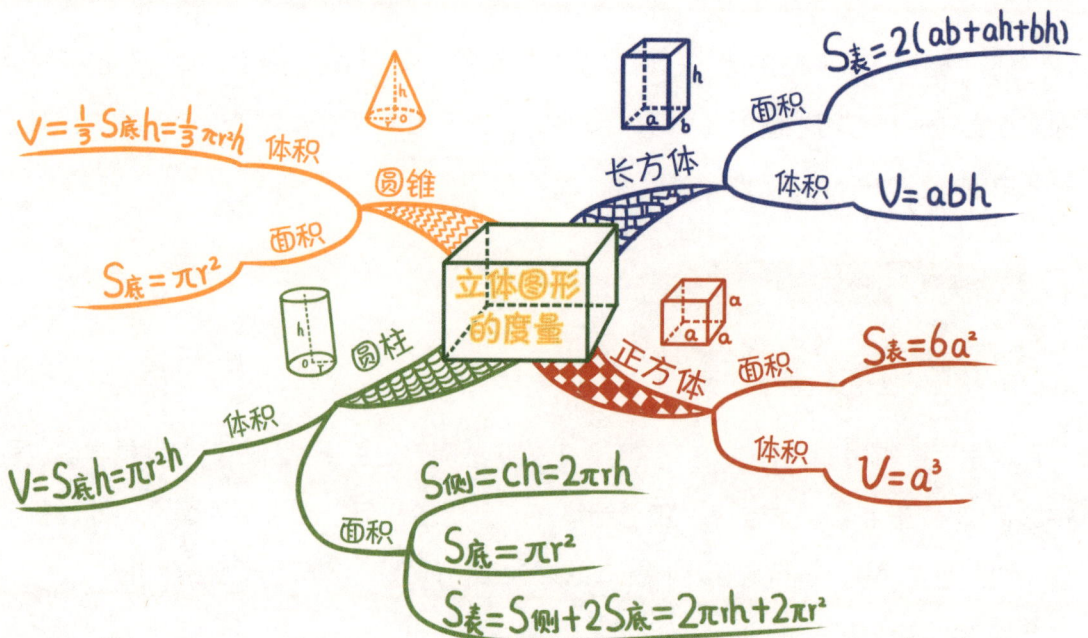

以上这两个例子让我们看到，对于一些你想深入学习的知识点，你就可以这样做。至于知识梳理的细致程度，就要看你自己的具体需求了。

三、知识分类记忆法

"知识分类记忆法"很好理解，就是把有相同属性或者规律的知识点分类梳理，便于记忆的方法。整理的时候重点在于找规律，这样按规律梳理知识，便于对知识批量记忆，坚持这样做可以给知识体系的逐渐积累和完善带来非常大的帮助。

下面举两个例子。

在学习数学过程中，我们慢慢发现有很多用"字母表示数"的情况，这时我们就可以集中整理一下，如下图所示。

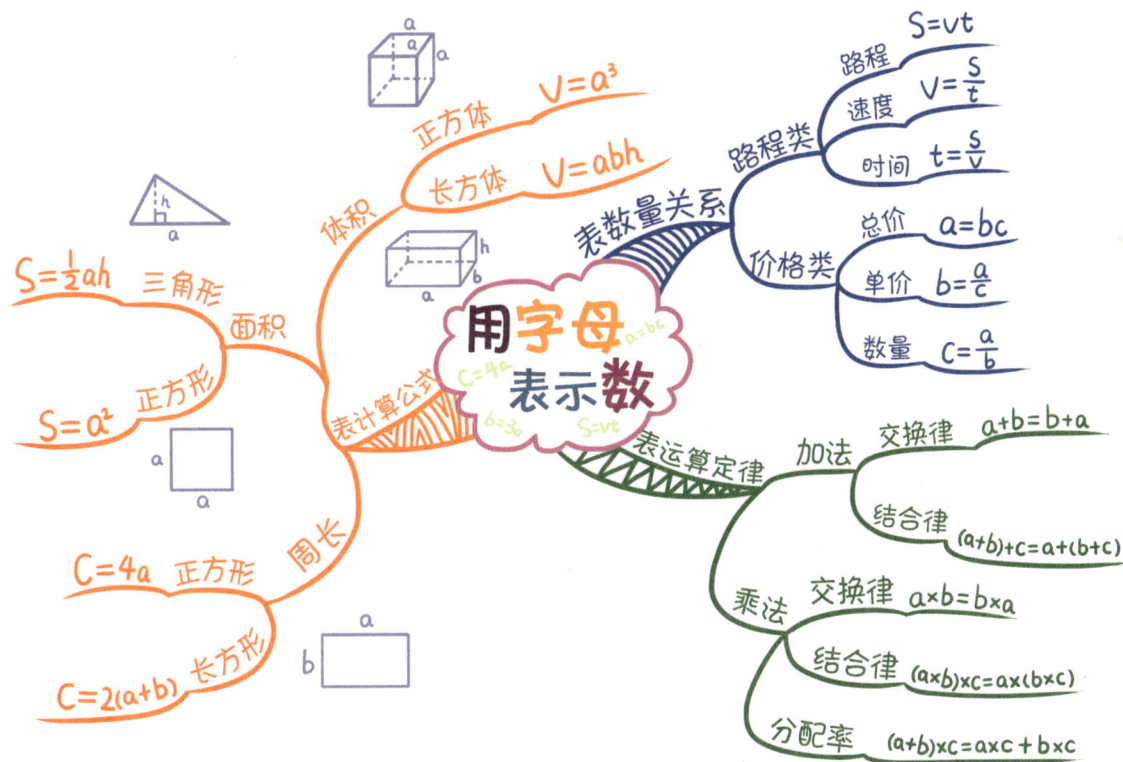

当然，随着你学习的知识逐渐增多，你还可以对这张图不断进行补充完善。

学习完"平面图形"的相关知识后，我们就可以梳理出下面这张思维导图。

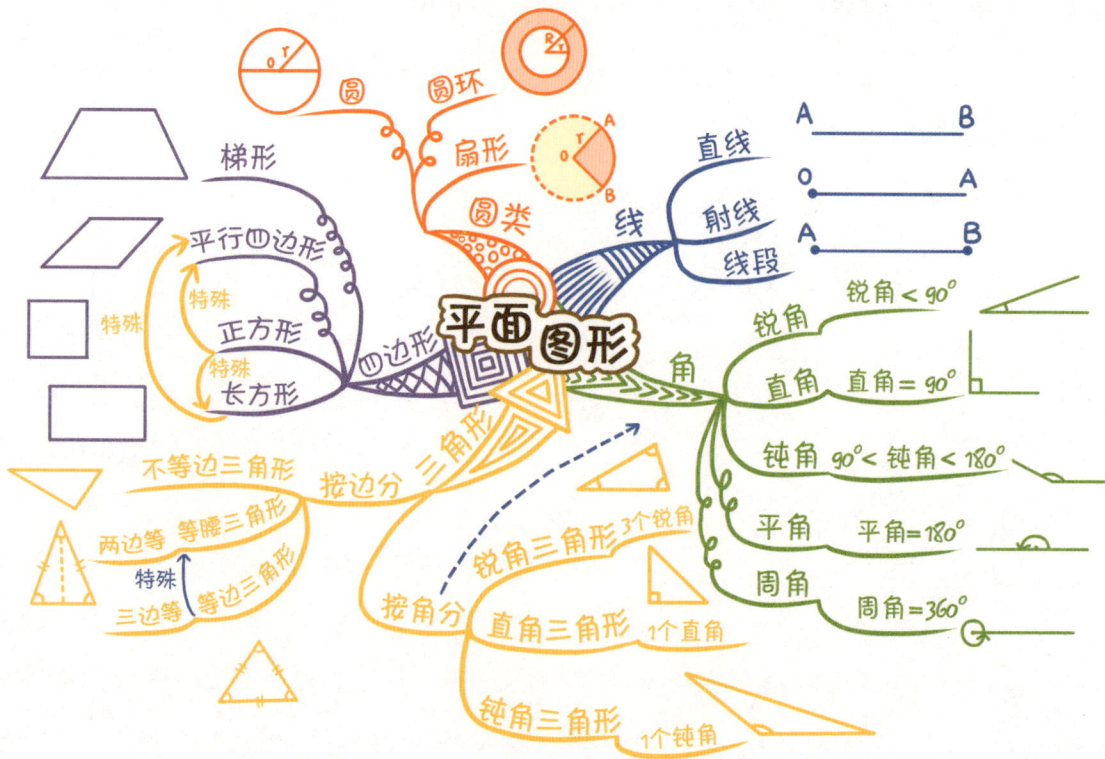

以上两个例子都是在找知识的分类规律，至于规律是什么，可以根据你具体梳理的内容来决定。确定了分类规律，就是确定了主干；主干确定了，后面的分支就是对主干知识的细化。

以上 3 个关于"整理知识点"的方法，你学会了吗？

记住，在整理知识点的过程中最重要的 3 件事就是：会分类、抓重点和找关联。通过分析知识之间的规律，进行分类，这就确定了思维导图的主干；抓重点就是在众多的知识中选择出最重要的进行梳理，这就解决了思维导图分支中关键词的问题；最后整体看一看，梳理出来的知识点之间是否有关联，如果有，就通过关联线联系起来。这样，你就可以得到一张又一张的知识整理类思维导图，这将给你未来做复习带来相当大的便利。

　　翻一翻你的数学书，看一看有哪些知识点可以用上面学到的方法整理一下。记得把你每一次整理的知识点的思维导图都保留好，这是最棒的复习资料！

2 常见题型归类总结

我曾听到很多同学反映最讨厌做应用题。其实在有了思维导图法的帮助后，应用题一点儿也不可怕。我们可以用思维导图对常见应用题型进行分类整理，并对各种题型的解题思路进行分析，分析出相同类型题目的常用解题思路后，是不是不管数字再怎么变化都不用担心了呢？

一、常见应用题题型梳理

认真梳理后你就会发现，小学数学中应用题的类型是非常有规律的。下面的思维导图就是我对"小学常见应用题型"进行的分析和整理，你可以在这个的基础上根据自己的学习情况进行完善，整理出一个跟自己学习情况最匹配的思维导图。

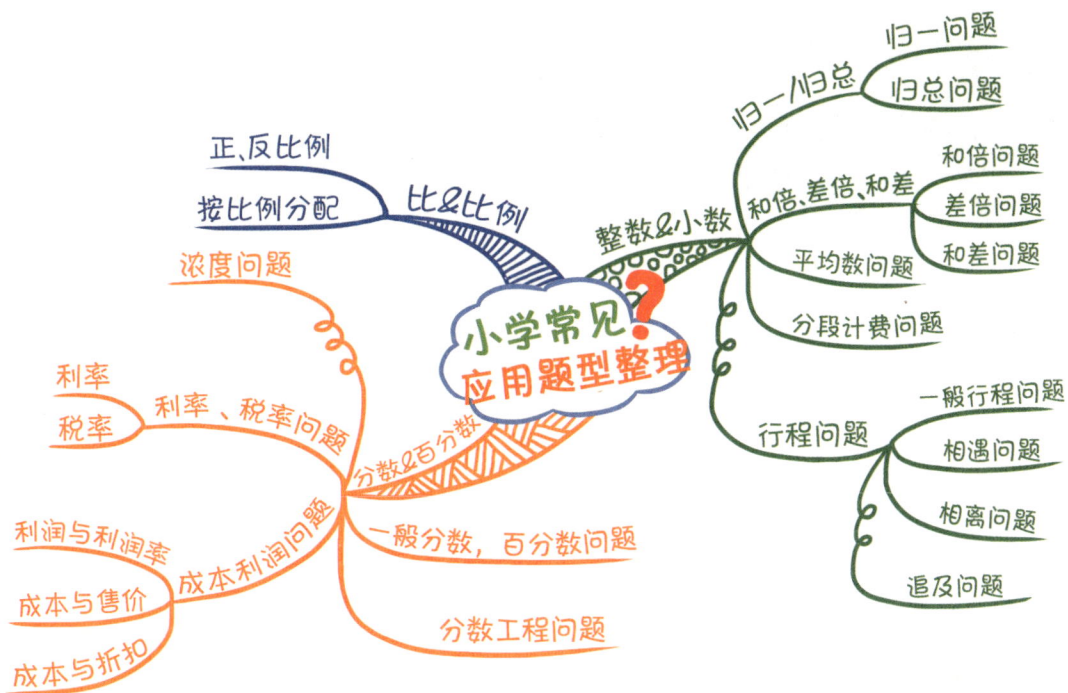

小学常见？应用题型整理

- 整数&小数
  - 归一/归总
    - 归一问题
    - 归总问题
  - 和倍、差倍、和差
    - 和倍问题
    - 差倍问题
    - 和差问题
  - 平均数问题
  - 分段计费问题
  - 行程问题
    - 一般行程问题
    - 相遇问题
    - 相离问题
    - 追及问题
- 比&比例
  - 正、反比例
  - 按比例分配
- 分数&百分数
  - 浓度问题
  - 利率、税率问题
    - 利率
    - 税率
  - 成本利润问题
    - 利润与利润率
    - 成本与售价
    - 成本与折扣
  - 一般分数，百分数问题
  - 分数工程问题

想象一下，当你头脑中已经有一张这样的图，是不是遇到什么题你都不用担心了？下次再做题的时候，如果题型是总结过的，那自然"手到擒来"。但如果是遇到没有见过的也不用感到害怕，毕竟你的思维导图马上就能变得更完善了，不是吗？学习就是这样逐渐积累的过程。

右图是我用常见的"数学广角"问题的例子，为大家提供一种做题型整理时会用到的画思维导图的思路。

当你把你特别容易出错的题型全都梳理出来后，慢慢所有的题型就都在你的掌控范围中了。赶紧去梳理属于你自己的常用题型思维导图吧！

数学广角部分题型

- 集合问题
- 鸡兔同笼
- 植树问题
- 统筹优化
- 找次品
- 鸽巢问题

前面我们讲了如何把常见题型梳理好，接下来就是如何解答这些题型。不用怕，有了思维导图的帮助，这些都将变得很容易。

我们先来看简单的"和倍问题"，是不是很熟悉呢？

我们可以把关于和倍问题的解题思路梳理出来：先"界定"什么样的题属于和倍问题，再看和倍问题都会用到什么样的"数量关系"，再来一个具体的"例题"，最后是针对这道题的"解法"。通过这 4 个主干，是不是就可以把和倍问题分析得清清楚楚了？

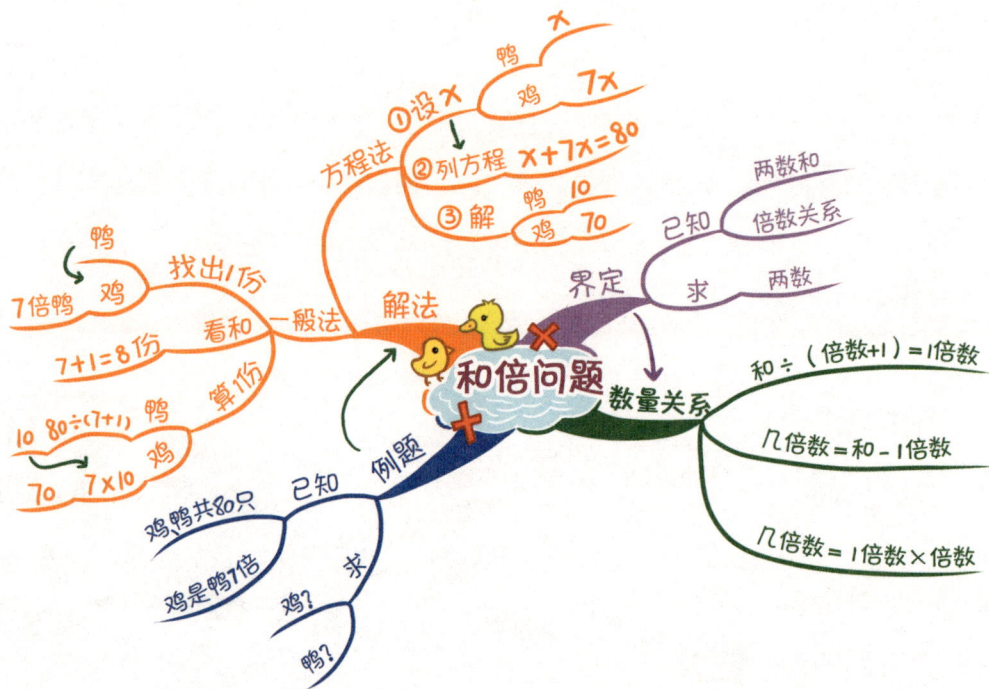

你现在也可以借助这个思路，用这 4 个主干去梳理另外一种题型。一定要自己去试一试哟！

再给大家看一个稍微有点难度的，并且很多同学都会在这上面犯迷糊的，关于"行程问题"的例子。

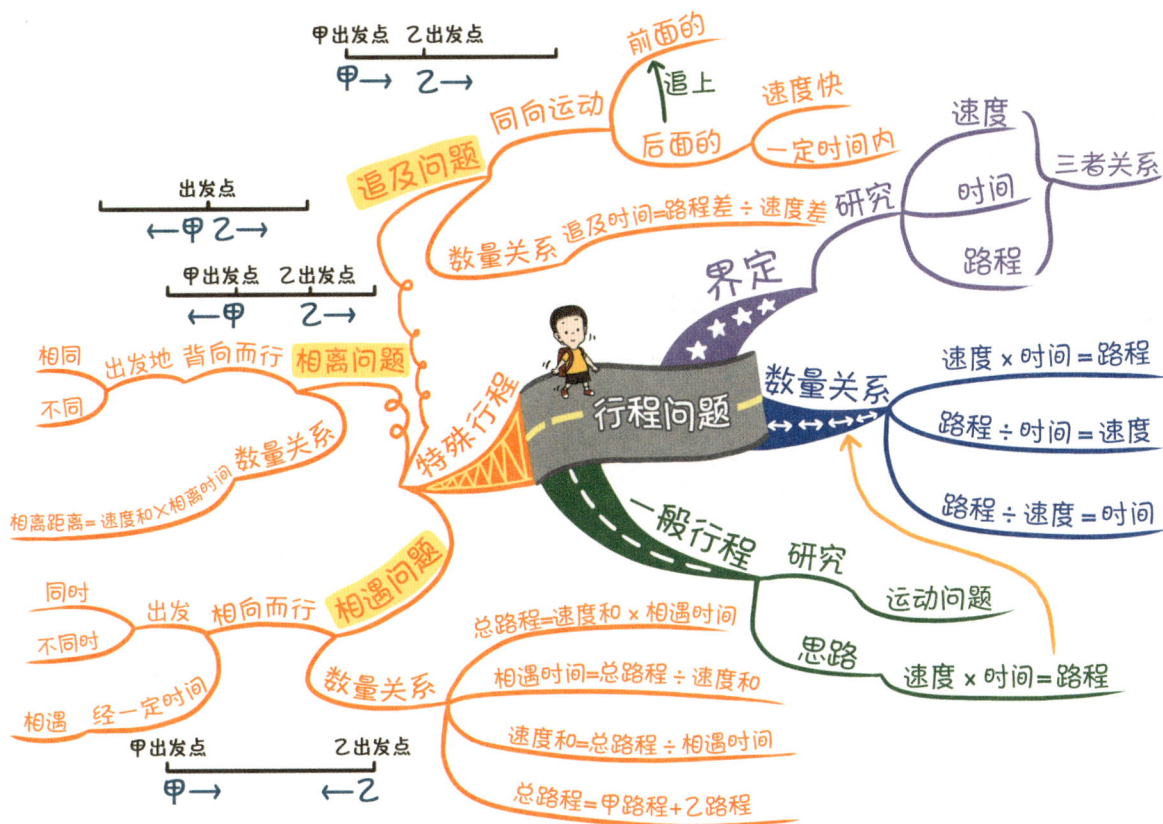

甲出发点　乙出发点
甲→　乙→

同向运动

前面的
追上
后面的

速度快
一定时间内

追及问题

出发点
←甲乙→

甲出发点　乙出发点
←甲　乙→

数量关系 追及时间=路程差÷速度差

研究
速度
时间
路程

三者关系

界定
★★★

数量关系

速度×时间=路程
路程÷时间=速度
路程÷速度=时间

相同
出发地
不同
背向而行

相离问题

特殊行程

行程问题

相离距离=速度和×相离时间

一般行程　研究

运动问题

思路

速度×时间=路程

同时
不同时
出发
相向而行

相遇问题

相遇
经一定时间

数量关系

总路程=速度和×相遇时间
相遇时间=总路程÷速度和
速度和=总路程÷相遇时间
总路程=甲路程+乙路程

甲出发点　乙出发点
甲→　←乙

　　　我们首先要看问题的"界定"，然后梳理基本的数量关系，这个和前面的思路都一样。由于行程问题可以分为"一般行程问题"和"特殊行程问题"，其中一般行程问题很简单，只要套用基本的数量关系就可以了。

　　　特殊行程问题大概可以分成"相遇问题"、"相离问题"和"追及问题"，然后把每种类型做具体的界定和数量关系的梳理，你是不是就感觉清晰了很多？你可以把这个思路带回到题目中，这样解题就会变得更加容易。

　　　最后，再用一个让很多孩子和家长都头疼不已的问题举例子——鸡兔同笼问题。相信有很多人一看到这个题目就已经感觉"头大"了。不过有了思维导图的帮忙，你再也不用被这些小鸡、小兔子搞得"团团转"了。

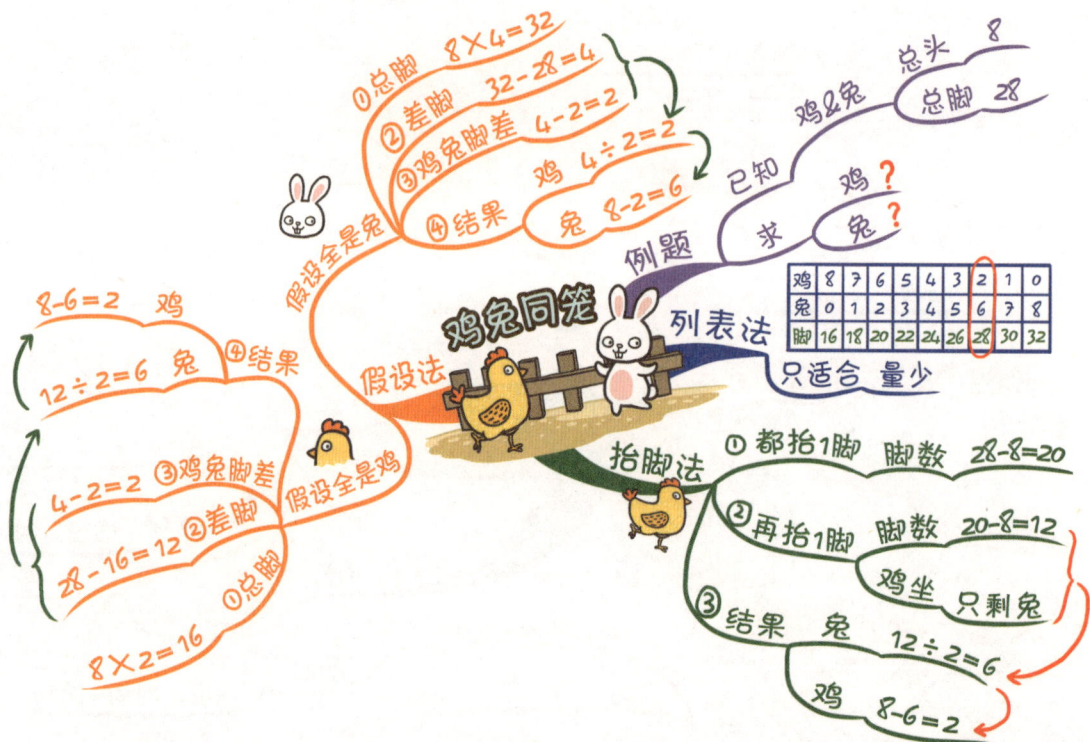

在图中，我列举了 3 种常用的解题方法：列表法、抬脚法和假设法。每种方法的解题步骤都写得很清楚，有了这样的思路，不管题目中的数字怎么换你都不用担心了。

现在同学们应该已经学会用思维导图法去梳理题型和解题思路了，这会让你的理解和记忆都变得容易和高效。数学这个学科只靠看和背是学不好的，你还要真正地理解并且做大量的练习。加油，行动起来吧！

思考与练习

请你根据自己的实际情况，按照本章讲到的方法试着去梳理一下常见的题型或者解题思路。记得梳理完请你的数学老师帮你检查一下！

本章介绍了用思维导图法帮助学习数学的方法。通过知识整理，我们可以把基础知识点都掌握好；再通过题型归类和解题思路分析，我们可以把常见的题目全做到了然于胸。这样梳理下来，你是不是觉得数学学习一下子变得容易了很多呢？

本章知识精华

描绘知识地图法

吃透知识点法

知识分类记忆法

知识点整理

用思维导图学数学

常见题型归类

题型梳理

解题分析

学习总结

我的
收获

妈妈的
收获

第八章

用思维导图法
高效复习，轻松备考

重要度：★★★★

正确认识考试的意义，科学高效地复习，用思维导图法帮助小学生轻松应对各种考试！

考试是每个人在求学之路上都会经历的事情。除了日常积累，正确、有效的复习方式也是助你取得优异成绩的关键因素。

通过对前几章内容的学习，我相信你已经能把思维导图学习法运用在日常学习中了。在这一章中，我们就来一起探索应该怎样使用思维导图法进行知识汇总、整理，让大家的考前复习变得有序可循，变得更加轻松、高效。

1 学习复习两不误

我曾经在课堂上问过学生们一个问题：你们认为应该什么时候开始考前复习？

绝大多数同学的回答是：考前一周。

其实，复习并不需要等到考试前才开始。

这里给大家介绍一种与日常学习相结合的复习方法——四步复习法，这种复习法的时间分隔是参考

艾宾浩斯遗忘曲线

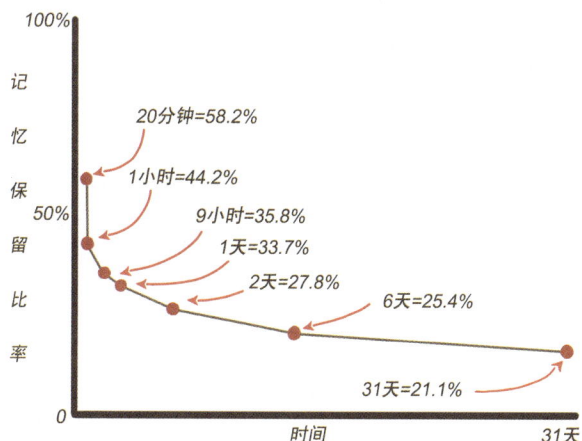

记忆保留比率

100%

20分钟=58.2%

1小时=44.2%

50%

9小时=35.8%

1天=33.7%

2天=27.8%

6天=25.4%

31天=21.1%

0

时间 31天

"艾宾浩斯遗忘曲线"中的重要拐点设置的，既能帮助你及时吸收和消化学到的知识，又能督促你按照一定的规律进行复习，达到巩固知识的目的。

第一步：绘制思维导图

进行时间： 某一阶段的学习结束后。

重点： 绘制一幅能够对所学知识进行总结、归纳的思维导图。

方法： 运用绘制思维导图的"六大步骤"进行绘制。

第二步：记忆大类（主干）

进行时间： 绘制思维导图的第二天。

重点： 记忆思维导图的几个主干，也就是最主要的几个分类。

方法： 用彩色铅笔勾勒出对应颜色部分的轮廓，用颜色的区别来辅助记忆。

> **第三步：记忆逻辑**

进行时间： 绘制思维导图一周之内。

重点： 记忆思维导图的绘制逻辑，这是将知识链接在一起的线索。

方法： 继续使用彩色铅笔辅助记忆，用对应颜色按逻辑描线条。

第四步：记忆关键词

进行时间： 绘制思维导图一个月内。

重点： 记忆思维导图中的关键词、关联及重点。

方法： 用彩色铅笔横扫关键词文字，注意选用与该部分相同的颜色。

这个简单的四步复习法可以把复习带入你的日常学习，帮助你养成良好的复习习惯，让学习成绩更上一层楼！

思考与练习

1. 复述一下，思维导图四步复习法的具体细节。

2. 用四步复习法记忆一幅你认为非常重要的思维导图。

2　考前发力不发愁

注重平时的学习和复习，是不是就不需要在考前再次进行复习了呢？当然不是。所谓"运筹帷幄之中，决胜千里之外"，只有做到对知识了然于胸、融会贯通，才能轻松应对各种考试，真正成为"学霸中的学霸"。

本着对自己负责的态度，考试前你还可以进行 3 轮复习。

第一步：知识整理

这一轮复习的主要任务是对知识进行梳理，抓住重点、消除难点。

这时，你可以把平时学习过程中画的思维导图都拿出来，仔细复习，并试着对其中的重点思维导图进行默写。如果不能凭记忆默写出来，就需要做好标记，准备进行进一步的学习和记忆了。

第二步：构建知识体系

构建知识体系，就是把积累的零散的思维导图，继续运用思维导图法整合到一起。这样做可以很清晰地找到各个知识点之间的关联和差异，把所学知识变成一个有机的整体。也可以理解成对整本书进行系统复习，做到全局掌握、触类旁通。

第三步：灵活运用知识

要想将所学知识变成漂亮的分数，"刷题"这一步是必不可少的。只有掌握了各个知识点在题目中的应用方法，才能算是真正把它吃透、掌握了。所以，在对知识点完成梳理，也就是完成了知识体系的搭建工作后，就开始认真地做题吧。

思考与练习

1. 复述一下，思维导图法的考前 3 轮复习分别是什么？
2. 在考试前尝试使用这样的方法帮助复习。

3　在笔记上下功夫

- ◄

很多同学认为考完试就万事大吉了，可是却不知道这样的想法可能会让你失去一个非常宝贵的学习机会。这个宝贵的学习机会就是梳理错题，完善笔记。

我们可以用 4 个步骤进行确认，从而来完成这项工作。

第一步：错题涉及的知识点出现在你的笔记中了吗

如果没有，赶紧补上；

如果有，就进入下一步，继续判断。

第二步：这个知识点在笔记中的逻辑正确吗

如果发现逻辑上有错误，赶紧改过来；

如果不是逻辑错误，就进入下一步，继续判断。

第三步：这个知识点在笔记中的关键词数量合适吗

如果关键词数量太多，这样重点不突出，容易被忽略，那么就可以适当精简一下关键词；

如果关键词数量太少，不足以作为记忆线索帮助回忆知识，那么就可以适当添加关键词；

如果关键词的数量没有问题，就进入下一步，继续判断。

1. 补充知识点
2. 修改逻辑
3. 调整关键词
4. 合理用图

第四步：有没有加入图像帮助记忆

如果没有，尽快加上，图像对记忆是非常有帮助的；

如果有，却还是记错了，那很有可能是图像选择得不合适，建议你换一个图像。

1. 知识整理
2. 知识体系
3. 知识运用

通过以上 4 个步骤，我们就可以对思维导图笔记进行系统的优化和完善，这对于梳理错题非常有帮助，希望大家一起来试试看。

1. 考试后优化思维导图笔记的 4 个步骤具体是什么？

2. 考完试后试试用这个方法来优化笔记吧！

本章知识精华

思维导图复习备考

优化笔记四步法

奋斗

前三轮复习法

平时四步复习法

1. 画导图

2. 记大类

3. 记逻辑

4. 记重点

学习总结

我的
收获

妈妈的
收获

思维导图实用图库

植物类

动物类

人物类

食物类

服饰类

用品类

交通工具类

风景建筑类

节日氛围奖

图形创意奖

学习总结

我的
收获

妈妈的
收获

写给家长的一封信

亲爱的家长：

　　您好！

　　特别开心您能给孩子选择"思维导图学习法"，并决定和孩子一起学习。

　　思维导图是一个可以帮助我们"整理思维"和"激发思维"的高效思维工具，长期使用可以帮助孩子从根本上提升思维能力，从而使孩子受益一生。

　　而"亲子思维导图"又如一座桥梁，可以给家长和孩子提供更多的沟通机会，让您更加了解孩子，让亲子沟通更加同频，亲子关系更加融洽！

　　同时，思维导图在工作、生活中也可以帮助大人们理清思路，提高效率。

　　在这里，由衷建议各位家长朋友，和孩子一起阅读，一起练习，一起应用，一起成长！

　　让孩子更会思考，让家长更懂孩子！

　　我们一起加油！

　　　　　　　　　　　　　　　　您的朋友：英杰

　　　　　　　　　　　　　　　　2020 年 12 月于北京

目录

第一章

走进亲子思维导图的神奇世界

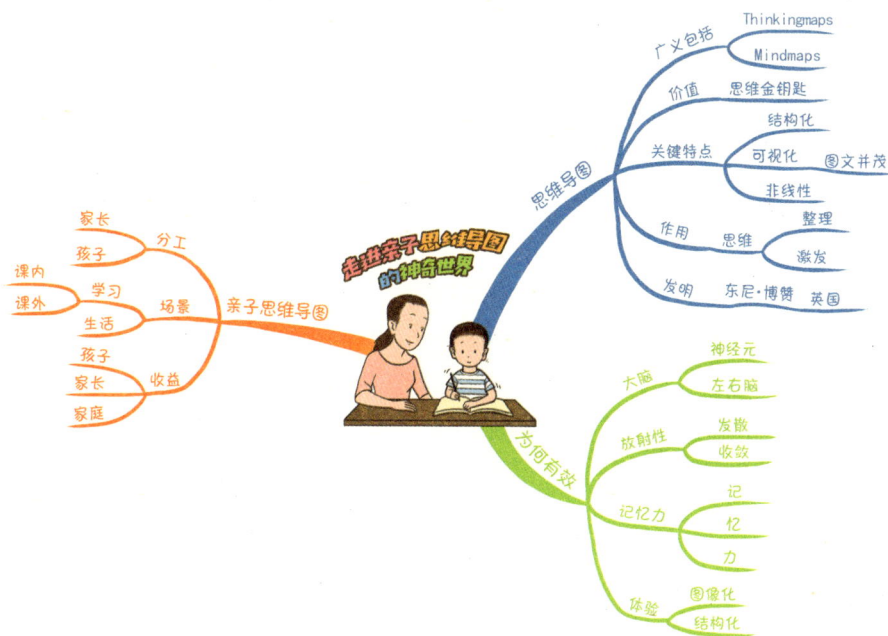

思维导图
- 广义包括
  - Thinkingmaps
  - Mindmaps
- 价值 思维金钥匙
- 关键特点
  - 结构化
  - 可视化 图文并茂
  - 非线性
- 作用 思维
  - 整理
  - 激发
- 发明 东尼·博赞 英国

亲子思维导图
- 分工
  - 家长
  - 孩子
- 场景
  - 课内
  - 课外
  - 学习
  - 生活
- 收益
  - 孩子
  - 家长
  - 家庭

为何有效
- 大脑
  - 神经元
  - 左右脑
- 放射性
  - 发散
  - 收敛
- 记忆力
  - 记
  - 忆
  - 力
- 体验
  - 图像化
  - 结构化

001

1 什么是思维导图

本节孩子学到了什么?

- 思维导图是什么
- 思维导图的作用
- 思维导图的由来

家长可以做些什么?

- 和孩子一起,分别用自己的语言描述什么是思维导图
- 家长和孩子分别分享自己未来有可能在哪些方面应用思维导图。家长可以带头先说一下自己在工作和生活中可能的应用场景,给孩子做个榜样
- 邀请孩子给自己讲一遍思维导图由来的小故事,并分享读完这个故事的感想

2 思维导图为何如此神奇

本节孩子学到了什么？

- 人类的神奇大脑
- 人们的思维方式及对信息的处理方式
- 思维导图给人们带来的良好体验

家长可以做些什么？

- 请孩子分享一下读完这一小节，印象最深的是什么？并说一下为什么

- 如果之前使用过思维导图，亲子间可以互相分享一下使用思维导图的感受，并用本节所讲的知识解释一下为什么会有这样的感受（如果家长和孩子之前都没有接触过思维导图，可以先忽略）

3 什么是亲子思维导图

本节孩子学到了什么？

- 什么是亲子思维导图
- 亲子思维导图家长和孩子的分工情况
- 亲子思维导图的应用场景及带来的价值

家长可以做些什么?

· 思考一下自己在亲子思维导图学习中可以怎么做。和孩子分享自己的想法，并征求孩子的意见

· 和孩子一起探讨，未来孩子最希望和家长一起应用亲子思维导图的场景

4 思维导图初学者常见误区

本节孩子学到了什么?

· 在思维导图学习和使用过程中的一些误区以及应对方法

家长可以做些什么?

· 和孩子互相沟通，自己之前是否有过这些误区，读过书中的内容后有什么感想和收获

第二章

轻松学会画思维导图

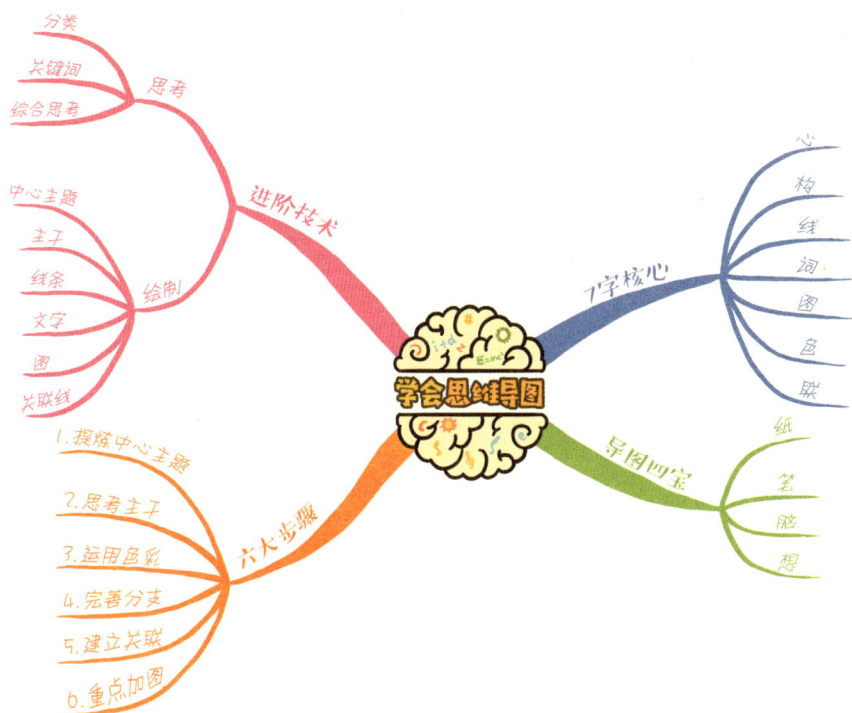

分类
关键词
综合思考
思考

中心主题
主干
线条
文字
图
关联线
绘制

进阶技术

1、提炼中心主题
2、思考主干
3、运用色彩
4、完善分支
5、建立关联
6、重点加图
六大步骤

学会思维导图

7字核心
心
构
线
词
图
色
联

导图四宝
纸
笔
脑
想

1 思维导图的核心秘籍

本节孩子学到了什么？

· 思维导图的七大核心秘籍

家长可以做些什么？

· 请孩子用自己的语言给家长讲一讲思维导图的七大核心秘籍

· 和孩子一起找 1~3 幅自己之前画过的或者别人的思维导图作品，用七大核心秘籍评估一下，并分析有什么可以改进的地方

2 思维导图的四大法宝

本节孩子学到了什么？

· 了解手绘思维导图的四大法宝

· 学会 "联想开花" 和 "联想接龙" 的联想小游戏玩法

家长可以做些什么？

· 请孩子用自己的语言描述一下"思维导图的四大法宝"

· 和孩子一起准备一套适合画思维导图的"纸"和"笔"

· 平时多和孩子一起玩"联想开花"和"联想接龙"的小游戏

3　思维导图的六大步骤

本节孩子学到了什么？

· 学会绘制思维导图的六个经典步骤

家长可以做些什么？

· 请孩子给自己讲一讲画思维导图的步骤，以及为什么是这样的步骤；每个步骤操作时的注意事项是什么

· 和孩子一起用六个步骤画一幅思维导图，比如"自我介绍"。家长自己也一定要动手画，给孩子做好榜样

· 和孩子互相分享自己的思维导图，并互相指出对方哪里做得好，哪里还可以优化改进

4 思维导图的进阶技术

本节孩子学到了什么？

· 画思维导图如何做好逻辑分类的方法和技巧

· 画思维导图如何提取关键词的方法和技巧

· 如何把思维导图画得更加美观的方法和技巧

家长可以做些什么？

· 平时多创造机会，和孩子一起练习逻辑分类和关键词
提取

· 在日常生活中主动训练孩子综合思考的能力，多玩一
些可以锻炼思维的小游戏

· 在思维导图绘制方面多鼓励孩子，并多和孩子一起实
践画图

第三章

思维导图帮你轻松超越"学霸"

思维导图帮你轻松超越"学霸"

听课笔记
1. 确定中心主题
2. 确定主干
3. 边听边记
4. 课后整理

知识整理
1. 确定主题
2. 知识分类
3. 整理要点
4. 关联及重点

为什么要用思维导图做笔记

线性笔记问题
- 形式枯燥
- 重点不突出
- 结构不明显

思维导图笔记优势
- 主动思考
- 全脑激发
- 重点突出
- 理解
- 记忆
- 便于 修改

阅读笔记
1. 快速略读全文
2. 划分意义段
3. 划重点
4. 画导图

1 为什么要用思维导图做笔记

本节孩子学到了什么？

- 知道思维导图笔记和传统线性笔记的区别
- 了解思维导图笔记的明显优势

家长可以做些什么？

- 和孩子一起用自己的语言分享一下思维导图笔记和线性笔记的区别
- 引导孩子思考思维导图笔记的几大优势对学生来说为什么很重要

2 用思维导图做阅读笔记

本节孩子学到了什么？

- 用思维导图做阅读笔记的四大步骤

家长可以做些什么？

· 请孩子给自己讲一下用思维导图做笔记的方法

· 和孩子一起，用思维导图笔记法梳理一篇文章

· 家长自己单独再做一个思维导图阅读笔记，并给孩子分享，让孩子感受到家长也在应用，给孩子做好榜样

3 用思维导图做知识整理

本节孩子学到了什么？

· 用思维导图做知识整理的四个步骤

· 语文、英语、数学三个学科知识整理的经典案例

家长可以做些什么？

· 请孩子用自己的语言给家长讲述用思维导图做知识整理的四大步骤

· 请孩子分享自己看过书中经典案例的收获

· 鼓励孩子自己选择一个学科中的部分知识，用思维导图做一张知识整理类的思维导图，并给家长分享

4 用思维导图做听课笔记

本节孩子学到了什么？

· 用思维导图做听课笔记的四大步骤

家长可以做些什么？

· 请孩子用自己的语言，给家长讲述用思维导图做听课笔记的四大步骤

· 鼓励孩子尝试用思维导图做听课笔记，并邀请孩子分享感受

第四章

思维导图生活中无处不在

思维导图
生活中无处不在

梳理思路
1. 明确主题
2. 写下目标
3. 目标分解
4. 重要事件
5. 心态方法
6. 整体检核

善于计划
1. 确定主题
2. 分类罗列
3. 标注排序
4. 明确时间
5. 资源整合

善于整理
1. 确定主题
2. 开始联想
3. 逻辑分类
4. 完善内容
5. 关联与重点

善于策划
工具 5W2H
步骤
1. 思考目的
2. 明确方向
3. 写下目的
4. 思考细节
5. 检验目的

1 计划：过一个有准备的假期

本节孩子学到了什么？

· 用思维导图做计划的五个步骤

· 通过案例分析体验了用思维导图做"暑假计划"的过程

家长可以做些什么？

· 请孩子用自己语言，给家长讲述用思维导图做计划的五个步骤

· 和孩子一起做一个计划，计划的主题要和孩子一起商量，并在后期提醒孩子按计划执行，有必要时对计划做优化和调整

· 家长自己做一份工作方面或者生活方面的计划，并和孩子分享，给孩子做好行动方面的榜样

2 策划：这次旅游我来安排

本节孩子学到了什么？

· 借助 5W2H 做策划的思考法

• 通过案例分析体验了用思维导图策划一场旅游的过程

家长可以做些什么？

• 请孩子用自己的语言，给家长讲述用思维导图做策划的五个步骤

• 和孩子一起用五个步骤策划一场活动。过程中，家长注意用 5W2H 的思路引导孩子思考

• 家长自己做一个工作或生活中真实的策划，并和孩子分享，让孩子体会学到的这些方法是真的可以在实际应用时帮到我们的

3 清单梳理：整理行李，快乐出发

本节孩子学到了什么？

• 用思维导图做物品整理及备忘的五个步骤
• 通过案例分析体验了用思维导图整理行李箱的过程

家长可以做些什么？

• 请孩子用自己的语言，给家长讲述用思维导图做物品整理的五个步骤

• 和孩子一起用五个步骤整理一次物品，比如行李箱或

超市购物清单，并和彼此分享借助这样的整理方式的感受

· 鼓励家长平时多用思维导图做各种物品整理类的梳理，并积极和孩子分享，给孩子做好榜样

4 问题分析与解决：过好"小升初"关键的一年

本节孩子学到了什么？

· 学会了用思维导图进行问题分析解决的六个步骤

· 通过案例分析体验了全家用思维导图一起应对"小升初"这件事的过程

家长可以做些什么？

· 请孩子用自己的语言给家长讲讲用思维导图解决问题的六个步骤

· 和孩子一起用六个步骤解决一个生活中相对复杂的问题，并互相分享感受和收获

· 鼓励家长平时也有意识使用思维导图解决工作和生活中相对复杂的问题，并积极和孩子分享，给孩子做好榜样

第五章

用思维导图搞定语文

一、知识精华

灵感激发
结构搭建
修辞润色
写作
思维导图学语文
阅读理解
记叙文
说明文

二、家长指南

1 用思维导图搞定阅读理解

本节孩子学到了什么？

- 用思维导图做阅读理解的方法

- 记叙文体裁文章阅读理解的框架
- 说明文体裁文章阅读理解的框架

家长可以做些什么？

- 多鼓励孩子把自己学的课文画成思维导图来帮助理解
- 多鼓励孩子在读课外书籍时，用思维导图整理书中的内容
- 创造机会，邀请孩子讲一讲自己画的思维导图，引导孩子学会在不拿书本的情况下，单凭思维导图就可以复述清楚文章的主要内容

2 用思维导图搞定作文写作

本节孩子学到了什么？

- 如何用思维导图激发写作灵感
- 如何用思维导图搭建写作框架
- 如何用思维导图在平时多积累好词好句并在写作时随取随用

家长可以做些什么？

- 生活中多与孩子一起玩灵感激发的小游戏，可以天马

行空，但要有意识借助思维导图的分类功能，帮助激发更多灵感

· 在孩子平时写作文前提醒孩子，用思维导图先搭建好框架，并鼓励孩子在落笔写作之前，先照着框架口头叙述一下写作思路

· 平时多提醒并鼓励孩子把课文中以及课外读物中学习到的好词好句用思维导图分类整理出来，并随时更新，定期复习，以便写作时使用

第六章

用思维导图玩转英语

思维导图学英语

拆课文练写作
- 明确写作主题
- 确定写作结构
  - 总分总
  - 总分

梳理语法
- 时间介词
- 名词复数
- 时态学习

复习知识点
- 1—明确知识点
- 2—确定掌握维度
- 3—列出并记忆知识点
- 4—全面系统思考

整理词汇
- 自然拼读法
- 词根词象法
- 身边的单词
- 词汇助力
  - 写作
  - 表达

二、家长指南

1 重点知识早复习

本节孩子学到了什么？

· 培养用思维导图对英语学习中的重要知识点及时梳理的好习惯

· 学习了用"三分法"配合思维导图，来吃透英语重要知识点

家长可以做些什么？

· 请孩子口头复述一下用思维导图整理英语知识点的方法和步骤

· 鼓励孩子结合自己的实际需求，用思维导图整理重要的英语知识点

· 邀请孩子给家长讲讲自己画的英语知识点整理的思维导图

2 词汇记忆有方法

本节孩子学到了什么?

· 培养用思维导图分类整理英文单词的习惯

· 学习了在单词的音、形、意各种分类方式下,用思维导图批量记忆单词的方法

· 通过用思维导图整理单词,助力英文写作和表达的方法

家长可以做些什么?

· 多鼓励孩子用思维导图整理英文单词,并自己找分类规律

· 平时和孩子一起想记单词的分类方式,并说出自己的分类理由

· 可以和孩子一起玩挑战记单词的小游戏。比如,家长拿着孩子画好的图,请孩子回忆单词,家长可以根据情况适当提醒(记住,不是为了考住孩子,而是通过这样的方式提高孩子的兴趣度和成就感)

3 语法知识巧梳理

本节孩子学到了什么?

· 学会了用思维导图整理英文语法

・通过经典案例解析，学习了用思维导图整理语法的技巧，比如关于时间介词、名词复数以及时态的学习

家长可以做些什么？

・邀请孩子分享学习书中案例的收获，并谈一谈自己的看法

・请孩子说一说自己能想到的可以用思维导图整理哪些英语语法，并鼓励孩子落实去做

・平时多提醒和鼓励孩子用思维导图整理英语语法知识，并把画好的图给家长分享

4 英语写作有妙招

本节孩子学到了什么？

・通过典型案例分析，了解了借助课文学习英文写作的方法

家长可以做些什么？

・多提醒和鼓励孩子用思维导图练习英文写作

第七章
用思维导图征服数学

一、知识精华

用思维导图学数学

题型梳理
解题分析
常见题型归类
知识点整理
描绘知识地图法
吃透知识点法
知识分类记忆法

二、家长指南

1 知识点分类整理

本节孩子学到了什么?

· 如何用思维导图描绘知识地图

· 如何用思维导图吃透重要知识点

· 如何用思维导图对知识点进行分类梳理和记忆

家长可以做些什么?

· 平时多提醒和鼓励孩子用思维导图将学过的数学知识进行分类整理

· 有精力时,和孩子一起边翻数学书边请他描述如何对知识进行分类梳理

· 邀请孩子给家长讲讲自己画过的数学知识整理类思维导图

2 常见题型归类总结

本节孩子学到了什么?

· 用思维导图整理小学数学常见的应用题题型

· 用思维导图分析典型应用题的解题思路

家长可以做些什么?

· 请孩子分享自己学习书中案例的收获,谈一谈自己的想法

· 鼓励孩子根据自己的实际情况,用思维导图整理学过的应用题类型

· 鼓励孩子选择自己平时觉得比较有挑战的题型,分析解题思路,并用思维导图画出来,扮演小老师的角色,给家长讲

第八章

用思维导图法高效复习，轻松备考

一、知识精华

思维导图复习备考

考后优化笔记四步法
1. 补充知识点
2. 修改逻辑
3. 调整关键词
4. 合理用图

考前三轮复习法
1. 知识整理
2. 知识体系
3. 知识运用

平时四步复习法
1. 画导图
2. 记大类
3. 记逻辑
4. 记重点

1 学习复习两不误

本节孩子学到了什么？

- 培养重视复习、及时复习的好习惯
- 学习了用思维导图复习的四大步骤

家长可以做些什么？

- 随时提醒和鼓励孩子用思维导图四步法做复习
- 邀请孩子给自己分享用思维导图整理过的复习笔记
- 家长扮演考官的角色，拿着孩子的思维导图笔记做适当提问，促使孩子回忆

2 考前发力不用愁

本节孩子学到了什么？

- 学习了考试前用思维导图进行三轮复习的方法

家长可以做些什么？

- 在考试前提醒并鼓励孩子用思维导图做好三轮复习
- 邀请孩子分享自己用三轮复习法复习后的感受与收获

3　在笔记上下功夫

本节孩子学到了什么？

- 学习了考试后通过错题梳理来优化思维导图复习笔记的四个步骤

家长可以做些什么？

- 提醒并鼓励孩子在考试后及时用四步法优化思维导图笔记
- 有精力的情况下，和孩子一起分析错题，并邀请孩子分享错题整理后的感受与收获
- 提醒孩子定期反复复习思维导图笔记，并在每次考试后及时优化